本书系2022年度湖南省教育厅科学研究优秀青年项目（项目编号：22B1015）的阶段性成果

U0721016

圈层体系视角下
高职教育生态可持续发展
质量评价研究

宋杰　李佳　著

Research on Quality Evaluation of
Ecological Sustainable Development in Higher Vocational
Education from the Perspective of Circle System

中南大学出版社
www.csupress.com.cn

·长沙·

图书在版编目(CIP)数据

圈层体系视角下高职教育生态可持续发展质量评价研究 / 宋杰，李佳著. —长沙：中南大学出版社，2024.5
　ISBN 978-7-5487-5753-5

Ⅰ. ①圈… Ⅱ. ①宋… ②李… Ⅲ. ①高等职业教育—教育管理—研究—中国 Ⅳ. ①G719.2

中国国家版本馆 CIP 数据核字(2024)第 058545 号

圈层体系视角下高职教育生态可持续发展质量评价研究
QUANCENG TIXI SHIJIAO XIA GAOZHI JIAOYU SHENGTAI
KECHIXU FAZHAN ZHILIANG PINGJIA YANJIU

宋杰　李佳　著

□出 版 人	林绵优
□责任编辑	汪采知
□责任印制	李月腾
□出版发行	中南大学出版社
	社址：长沙市麓山南路　　　邮编：410083
	发行科电话：0731-88876770　　传真：0731-88710482
□印　　装	广东虎彩云印刷有限公司

□开　　本	710 mm×1000 mm 1/16　□印张 12.5　□字数 224 千字	
□版　　次	2024 年 5 月第 1 版　□印次 2024 年 5 月第 1 次印刷	
□书　　号	ISBN 978-7-5487-5753-5	
□定　　价	46.00 元	

内容介绍

　　党的二十大报告指出："教育、科技、人才是全面建设社会主义现代化国家的基础性、战略性支撑。"高职教育体系正是教育、科技、人才三者的交汇点，与政治、经济、社会、科技、文化等外部生态环境紧密相关，是构建教育、科技、人才"三位一体"发展格局的关键环节。通过高职教育生态可持续发展建设，能促使高职教育发展形态的有效改善与规模质量的整体优化，实现高职教育发展的协调性和均衡性。系统地开展高职教育生态可持续发展质量评价理论研究，构建科学合理的高职教育生态可持续发展质量评价体系，以理论探寻指导高职教育生态可持续发展质量评价实践，以高职教育生态可持续发展质量评价引导和促进高职教育生态可持续发展质量提升，已成为高职教育理论界、实践界以及教育管理部门所关心的热点和难点。

　　本书首先基于国内外高职教育生态可持续发展相关理论，对高职教育生态可持续发展的内涵特征、动态发展过程和响应机制进行界定与阐释。然后，引入圈层结构理论，基于"生态系统健康评价理论—共生理论—环境承载力理论"三种研究视角，从要素保障、运行条件、支持系统等层面构建高职教育生态可持续发展的圈层体系理论框架。接着，探究了湖南高职教育生态可持续发展现状，指出了其存在的问题及主要困难。在高职教育生态可持续发展圈层体系理论框架与湖南高职教育生态可持续发展现状的基础上，开展湖南高职教育生态可持续发展要素保障、运行条件、支持系统的质量评价。最后，从内圈层稳定、中圈层提升、外圈层拓展等三个维度探究推进湖南高职教育生态可持续发展的策略，提出相关政策建议。本书的研究，将有助于树立生态发展的高职教育质量观，有助于丰富和发展高职教育生态可持续发展质量管理与评价的基础理论与方法体系，有助于高职教育生态可持续发展质量评价实践走向规范化、科学化，有助于推动高职教育生态可持续发展质量评价成果转化应用，为相关领域理论和实际工作者提供参考借鉴。

作者简介

  宋杰，男，1982年生，湖南长沙人，中共党员，博士，经济师，长期从事高职教育管理、技能人才、城市与区域经济、生态评价等领域理论、实践和政策研究。先后获得中南大学环境工程专业学士学位、环境工程专业硕士学位、土木工程规划与管理专业博士学位。博士毕业后在株洲市房产局、市住建局、湖南省住建厅、湖南铁路科技职业技术学院等株洲市直、湖南省直行政单位和高校工作，曾任株洲市城市公用事业服务中心综合科科长、市城市房产地理信息中心副主任，现任湖南铁路科技职业技术学院科研中心综合科科长，湖南省人才研究会副秘书长、职业技能人才专委会副主任，株洲市园区与县域经济研究所副秘书长，牵头撰写的研究报告获国务院和主要省、厅级领导专题批示，相关对策建议的观点被教育部文件采纳。

  近年来，主持湖南省教育厅科学研究优秀青年项目"圈层体系视角下高职教育生态可持续发展质量评价研究"、湖南省教育科学规划课题"湖南高职教育生态承载力评价与提升策略研究"、湖南省自然科学基金项目"长株潭技能人才协同发展圈层体系的理论构建与实证研究"、湖南省社会科学成果评审委员会课题"长株潭人才一体化的圈层体系理论构建与推进路径研究"等课题研究；参与全国教育科学规划课题、国家863计划重点项目、国家自然科学基金面上项目等国家级课题3项，湖南省哲学社会科学基金项目等省部级课题10多项；在 *Transactions of Nonferrous Metals Society of China*、*Journal of Central South University of Technology*、*Journal of Geographical Sciences* 及《中南大学学报（自然科学版）》《地理学报》《城市问题》《人文地理》《江汉论坛》《生态环境学报》《湖南社会科学》《职业技术教育》《当代教育论坛》等全国核心期刊上发表 10 余篇论文，其中 SCI/EI 收录 6 篇、CSSCI 来源期刊 4 篇和 CSCD 来源期刊 4 篇；获得湖南省第 14 届自然科学优秀学术论文二等奖、第十三届湖南省社会科学界学术年会优秀论文二等奖、湖南省教育厅"贯彻党的二十大精神　我为现代化建设献策"决策咨询建议三等奖。

李佳，女，1986 年生，湖南常德人，中共党员，副教授，株洲市 D 类高层次人才，国家高级采购师，中华职业教育社创新创业优秀指导老师(国家级)，湖南省优秀指导老师，现任湖南铁路科技职业技术学院科研中心副主任(主持日常工作)，学校学术委员会副主任、秘书长。长期从事职业技术教育研究，公开发表国家级、省级期刊论文多篇(独著)。主持参与省、市级课题 13 余项，其中主持省教育科学规划课题财建研究专项课题 2 项，省社会科学成果评审委员会课题 1 项。

前 言

    党的二十大进行了教育发展、科技创新、人才培养"三位一体"发展的工作部署，要求"统筹职业教育、高等教育、继续教育协同创新，推进职普融通、产教融合、科教融汇"。高职教育体系是教育、科技、人才三者的重要交汇点，与政治、经济、社会、科技、文化等外部生态环境紧密相关，是构建教育、科技、人才"三位一体"发展格局的关键环节。高职教育生态可持续发展建设，能促进高职教育发展形态的有效改善与规模质量的整体优化，提升高职教育规模增长效益性，维持高职教育资源结构适应性，保障高职教育环境质量协调性，实现高职教育投入产出价值包容性。高职教育生态可持续发展，意味着高职教育与经济社会的协同互动、生态发展，能为经济社会可持续发展提供技术支撑与技能人才支持，其具有两层含义：一是高职教育资源结构、高职教育规模增长、高职教育环境质量、高职教育投入产出效益间的协调发展；二是高职教育适应经济社会可持续发展。高职院校是教育系统的重要组成部分，推进教育治理的系统性改革，加快高职教育生态可持续发展，对提升我国整体教育水平具有重要作用。

    在实践应用中，高职教育高质量发展面临着布局发展的协同性不足、供需结构错位且适应性不足、服务经济社会发展和学生全面发展能力不足等多方面的生态可持续发展困境，破解这些难题的关键在于处理好高职教育规模增长与内涵发展的关系。高职教育生态可持续发展质量是衡量高职教育发展速度与规模的重要指标，运用高职教育生态可持续发展理论，从高职教育体系的环境质量、规模效应、产出价值、投入活力等方面对进行测算与评价，可从宏观上把握高职教育发展规模与质量的内生逻辑。系统性地开展高职教育生态可持续发展质量评价理论研究，构建科学合理的高职教育生态可持续发展质量评价体系，以理论探寻指导高职教育生态可持续发展质量评价实践，以质量评价引导与促进高职教育生态可持续发展，成为高职教育理论界、实践界以及高职教育管理部门的关注热点和难点。

本书引入圈层结构理论，从圈层体系的研究视角，开展高职教育生态可持续发展质量评价研究，将有助于为高职教育管理与区域可持续发展工作提供决策参考，有助于拓展与完善高职教育生态可持续发展理论体系与评价方法，有助于切实指导湖南高职教育生态可持续发展质量评价成果转化应用，具有一定的现实意义与应用价值。因此，本书面向高职教育管理与区域可持续发展领域的研究者、实践者。

本书系 2022 年度湖南省教育厅科学研究优秀青年项目"圈层体系视角下高职教育生态可持续发展质量评价研究"（项目编号：22B1015）的阶段性成果。

本书力求语言平实，逻辑清晰。在写作过程中，作者查阅了大量的资料，在综合前人研究成果的基础上提出了独特的见解。本书第一、二、三、四、六章为宋杰著，第五、七章为李佳著，由宋杰统一修改定稿。由于作者能力有限，本书可能还存在很多疏漏，望读者和各方面的专家批评指正。

目 录

第一章

总　论

第一节　研究背景与研究意义

党的二十大报告指出："教育、科技、人才是全面建设社会主义现代化国家的基础性、战略性支撑。"高职教育体系与政治、经济、社会、科技、文化等外部生态环境紧密相关，是构建教育、科技、人才"三位一体"发展格局的关键环节。通过高职教育生态可持续发展建设，能促使高职教育发展形态的有效改善与规模质量的整体优化，实现高职教育发展的协调性和均衡性。

一、研究背景

进入新时代，我国经济开始转向高质量发展。伴随产业转型升级与经济结构调整不断加快，国家把高职教育摆在越发突出、重要的位置，高职教育前景广阔、大有可为。但是，与建设中国特色社会主义现代化经济体系、建设教育强国的发展要求相比，我国高职教育还面临一些突出问题，特别是高职教育生态可持续发展及质量评价方面存在着评价理论基础较薄弱、评价模式较单一、评价工具不精准、评价体系不健全等问题，影响着高职教育的高质量发展。高职教育生态可持续发展及质量评价是促进高职教育发展与繁荣的重要保障，可促进高职教育外延不断扩展，推动高职教育内涵不断丰富，对高职教育高质量发展发挥着关键性的导向作用。

2020 年 10 月，中共中央、国务院印发的《深化新时代教育评价改革总体方案》为新时代职业教育评价改革指引了未来方向，提出在加快建设技能型社会的新时代，要深刻认识和把握职业教育评价的特点与功能，树立正确的评价观，综合改革职业教育评价导向、评价内容、评价方法与评价管理，形成富有特色的职业教育评价体系。2021 年 10 月，中共中央办公厅、国务院办公厅印发了《关于推动现代职业教育高质量发展的意见》，提出要切实增强职业教育适应性，加快构建现代职业教育体系，建设技能型社会，弘扬工匠精神，培养更多高素质技能人才、能工巧匠、大国工匠，为全面建设社会主义现代化国家提供有力人才与技能支撑。2022 年 5 月新修订的职业教育法正式实施，明确将职业教育定位为与普通教育具有同等重要地位的教育类型，以高质量发展和增强适应性为主线。2022 年 10 月，《关于加强新时代高技能人才队伍建设的意见》出台，提出要加大高技能人才培养力度，完善技能导向的使用制度，建立技能人才职业技能等级制度和多元化评价机制，建立高技能人才表彰激励机制。2022 年 12 月，中共中央办公厅、国务院办公厅印发了《关于深化现代职业教育体系建设改革的意见》，指出要切实提高职业教育的质量、适应性和吸引力，培养更多高素质技术技能人才、能工巧匠、大国工匠，为加快建设教育强国、科技强国、人才强国奠定坚实基础。

二、研究意义

当前，高职教育正逐步迈向高质量发展的新时代。在实践应用中，高职教育高质量发展面临着布局发展的协同性不足、供需结构错位且适应性不足、服务经济社会发展和学生全面发展能力不足等多方面的生态可持续发展难题，破解这些难题的关键在于处理好高职教育规模增长与内涵发展的关系。高职教育生态可持续发展质量是衡量高职教育发展速度与规模的重要指标，运用高职教育生态可持续发展理论，从高职教育体系的环境质量、规模效应、产出价值、投入活力进行测算与评价，可从宏观上把握高职教育规模与质量的内生逻辑。系统性地开展高职教育生态可持续发展质量评价理论研究，构建科学合理的高职教育生态可持续发展质量评价体系，以理论探寻指导高职教育生态可持续发展质量评价实践，以质量评价引导与促进高职教育生态可持续发展，成为高职教育理论界、实践界以及教育管理部门的关注热点和难点。本书引入圈层结构理论，从圈层体系的研究视角，开展高职教育生态可持续发展质量评价研究，具有一定的现实意义与应用价值。

一是有助于树立生态发展的高职教育质量观,深化职业教育改革,全面提升高技能人才培育质量,支撑经济发展方式转变,促推现代产业体系建设。

二是有助于丰富和发展高职教育生态可持续发展质量管理与评价的基础理论与方法体系。圈层结构理论体现了协同共生、可持续发展的核心理念,与高职教育生态可持续发展的问题实质不谋而合,能帮助理顺高职教育生态可持续发展的内生逻辑与运行机制,是高职教育生态可持续发展研究的新视角。引入圈层体系的研究新视角,结合生态系统健康评价理论、共生理论和环境承载力理论,构建高职教育生态可持续发展圈层体系的理论框架,解析高职教育生态可持续发展的理论内涵,构建其质量评价的方法体系,对于拓展高职教育生态可持续发展基础理论,丰富其质量评价方法体系,具有较大的促进作用。

三是有助于高职教育生态可持续发展质量评价实践走向科学化、规范化,符合促进高职教育管理与区域可持续发展的需要。高职教育生态可持续发展质量提升已是促进高职教育管理与区域可持续发展的新目标。在已有研究基础上,就过去研究中的不足、重点和难点,试图为高职教育服务供给、城市—产业—高职教育融合、高职教育资源投入保障、高职教育科创协同、高职教育管理体制机制创新等方面有待解决的问题提供理论支撑和分析路径,为推进高职教育管理与区域可持续发展提供决策参考。

四是有助于推动高职教育生态可持续发展质量评价成果转化应用。本书以湖南为例,对其高职教育生态可持续发展质量有关问题和情况进行定量化剖析,探寻影响其高职教育生态可持续发展的关键要素和调控指标,提出圈层体系视角下推进其高职教育生态可持续发展的策略,有助于切实指导推动湖南高职教育生态可持续发展质量评价成果转化应用,为其他区域提供借鉴。

第二节　相关概念内涵的界定

概念,是研究问题的逻辑起点。对核心概念的不同界定与认识偏差,可能会导致不同的研究结果与对策建议。鉴于此,在开始本书的研究之前,有必要清晰界定与本书主题"高职教育生态可持续发展""圈层体系"密切相关的核心概念内涵。

一、高职教育

从学校名称来看,不同的历史时期,我国高职院校有不同的名称,如高等专科学校、职业学院、职业技术学院和职业大学等,均属于高职教育。从规格层次来看,我国高职教育属于高等教育层次,且处于第一阶段。从培养宗旨来看,我国高职教育是培养高等技术技能应用型人才的教育,旨在培养学生适应经济社会发展需要的基础能力、专业技能、职业道德、职业精神等职业素养。张海峰和王义谋(2002)认为高职教育第一属性是高等教育,其目的在于培养高技术的专门人才。王根顺和王成涛(2004)将高职教育定义为学习职业技能,培养技术技能型高级专门人才的实践活动。陈英杰(2007)从综合观出发,指出高职教育至少应包含四个方面的基本内涵:高职教育的本质属性是高等教育;高职教育的社会属性是行业教育的高级形式;高职教育的表现属性是有明确的层次实体;高职教育的发展属性是终身教育的初级形式。梁志和赵祥刚(2008)强调高等职业教育概念的复合性,其内涵界定可着眼于三个方面:一是作为高等教育,应凸显高等性;二是作为高层次职业技术教育,应体现职业针对性、技术应用性、技术创新性;三是作为教育,应反映人的精神层次追求,彰显人文性。

关于高职教育的概念各有侧重,但都难以从本质上与其他教育形式进行有效区分。本研究认为对高职教育概念的界定必须紧扣其核心性质(职业性与专业性),可从五个关键维度理解:一是层级性,高职教育是处在初等教育与中等教育之上的高等教育;二是专业性,高职教育的教育内容主要涉及专业技术知识,属于专业教育;三是应用性,高职教育是为了培养应用型技术人才的教育;四是实践性,高职教育教学目的与方式具备浓厚的实践性特征,是围绕就业、创业实践活动开展的;五是主体性,高职教育培养主体包括学历教育与非学历教育。

鉴于此,本书将高职教育界定为:高职教育是高等职业教育(或高等职业技术教育)的简称,是中等教育之后,以培养高级技术人才为目标任务,对学生进行基础能力、专业能力、职业道德与职业精神等职业素养教育,以技术知识为主要内容的应用型专业教育。

二、高职教育生态体系

1976 年，美国教育家克雷明（Cremin）提出了教育生态学（ecological education）的概念（梁伟东，2014）。基于教育生态学原理，高职教育体系运行遵循生态系统中的生态平衡规律及其内在机理。从生态学视角切入，探索高职教育运行机制，能为高职教育生态系统内在结构优化及外在功能调整，提供科学、规范的理论支撑，进而为高职院校培养专业化、实用化技能人才提供有效路径。

生态系统是在一定时间和空间范围内，生物与生物之间、生物与非生物之间，通过不间断的物质循环、能量流动而形成的相互作用、相互依存的一个生态学功能单位（李振基等，2007）。据此，本书认为，高职教育生态系统是指高职教育体系内各种要素间及各要素与生存环境间，通过不间断的物质循环、能量流动、信息传递，最终形成的具备一定结构与功能的统一体。高职教育生态系统是高职教育体系的核心，有着生态系统具备的普遍性特征。首先，高职教育生态系统具有开放性的特点。其次，高职教育生态体系具有多元变动、动态调试的复杂生态环境。高职教育是以高职院校为主体，包括高职院校周边自然生态环境与社会人文环境的多元共生生态环境系统，系统内部的非线性情况决定了其复杂性。最后，高职院校教育功能具有显著的演进性特征。高职院校教育活动与其周边生态环境之间相互作用，共同处于动态平衡中。高职教育生态系统通过与周边生态环境进行物质、信息与能量的交换，不断获取动力，推动其从不成熟、不稳定走向成熟、稳定。

三、高职教育生态环境

高职教育生态环境涉及高职教育文化生态环境、制度生态环境、教学生态环境等内容。文化生态环境，是用以规范高职院校的世界观、价值观与方法论，主要包括高职院校传统习俗、行为规范、价值观念与思维方式等内容。鼓励创新的文化生态环境，致力于为高职院校培育创新型技能人才营造良好的教育文化氛围。制度生态环境，主要通过制定实施规范性制度文件，为高职院校培养创新型技能人才活动提供基础性的制度保障，并以相互配套的高阶制度与低阶制度协同推进，形成高职教育创新发展的价值观与思维方式，影响到教师和学生的心灵深处，由此促成高职院校崇尚创新的文化环境。教学生态环境，是其文化生态环境与制度生态环境共同作用于高职教学具体活动而生成的产物。基于教学生态环境所创设的教学平台，高职院校教师与学生可通过互动式教学活动，促进学生个性化成长，培养其创新能力。

四、高职教育生态位

生态位是生态学领域的重要术语，白塔特在归纳总结众多学者关于生态位的认识与理解的基础上指出，在由不同物种所构成的群落中，每个物种有着不同于其他物种的时间、空间与功能位置，也包括在生物群落中的功能与地位。一个物种所能利用的各种资源的总和的幅度，称为生态位宽度。在资源较多的情况下，易出现生态位的特化；在资源较少的情况下，易致使生态位的泛化（吴鼎福和诸文蔚，1998）。不同物种在生态系统中呈现错落有致的分布，将对生态系统的平衡发挥至关重要的作用，如果各个物种在生态位上有重合，生态系统会出现不稳定现象，必然引发物种间竞争，削减生态位的重叠，直到恢复各在其位的平衡状态为止。

根据教育生态位的理论，在生存期间，高职教育必然在高等教育群落中具有一定的空间、作用和积极功能。在相对的生存链中，个体的生态位越大，其相对占有并吸纳资源的作用力也越大，其生存的能力也越强，发展空间也越大，这种对应关系展示了生态位的核心功能。高职教育生态位，是指高职教育生态系统与其他教育系统的功能关系及地位作用，其人才培养目标及模式定位更加明确，与产业发展及企业需求联系更为紧密，能利用行政企业资源解决发展中出现的难题，动态调整培养目标及培养模式，始终紧跟区域行业发展趋势，满足企业岗位实际需求，与时俱进地调整自身发展状态。

五、高职教育生态承载力

在自然生态系统中，任何物种都不可能无限制地繁衍扩张，因为任何物种的生存环境都存在着环境阻力的制约，这种生态系统自身的调控能力对维持生态平衡有着极其重要的作用。生态学家罗尔斯顿认为，具有扩张能力的生物个体虽然推动着生态系统发展，但生态系统却限制着生物个体的这种扩张行为，系统的这种限制似乎比生物体的扩张更值得称赞（罗尔斯顿，2000）。类似于自然生态系统，由高职教育体系与其外部生态环境所构成的高职教育生态系统存在着相应的承载能力，当高职教育招生规模急剧扩大，超出一定教育资源与环境的承受能力时，高职教育生态系统的资源供给能力与再生能力必将受到破坏，高职教育生态系统也将失去平衡状态。生态承载力这一概念，最早由 Parker 和 Burgess 在 1921 年提出。生态承载力是指在某一特定环境条件下，某种个体存在数量的最高极限(郭秀锐，2000)。

高职教育生态承载力的核心功能，在于以相匹配的高职教育资源与能支撑其可持续发展的办学环境，保持高职教育规模增长、资源结构、投入价值、产出效益的持续稳定发展。根据已有的研究(贺祖斌，2005；叶爱山等，2022)，生态承载力可划分为资源承载力、环境承载力、生态弹性力等三个层面，资源承载力是高职教育生态承载力的内核，体现了区域生态系统对高职教育内生性发展需求的满足状况；环境承载力是其外在约束，为高职教育外部发展提供基础支撑要素，在一定程度上影响高职教育体系生态承载力的大小；生态弹性力是其调控条件，对环境提供的要素予以高效整合，实现各要素应然生态位，反映了现有高职教育体系生态承载力的弹性变动范围。

六、高职教育生态可持续发展

随着高职教育发展水平的提高，高职教育事业发展的重心逐渐由规模扩张为核心的外延式发展转向以质量提升为核心的内涵式可持续发展。高职教育生态可持续发展具有两方面的含义：一方面即高职教育生态与人的发展、社会发展以及环境发展协调统一；另一方面即高职教育生态的发展具有可持续性，包括高职教育资源投入的可持续、高职教育发展的连续性、高职教育面对压力的韧性等。要实现高职教育生态可持续发展，就必须使各地区高职教育事业发展与当地的人口、经济、社会等各方面相匹配。因此，高职教育事业发展的规模与速度、结构与质量既要符合当地对高职教育的合理需求，也要充分考虑当地区域环境对高职教育的承受力与支持力，权衡地区环境各方面因素对高职教育提供的最大可能发展空间与容量，因地制宜发展高职教育，并为高职教育生态可持续发展创造良好适配的环境条件。

高职教育体系属于整个社会大系统中的一个子系统，与自然、社会、文化等外部环境密切相关，社会的可持续发展离不开高职教育的可持续发展。高职教育生态可持续发展，就是以生态学与系统学的视角，将高职教育纳入社会生态系统，树立以人为本的理念，遵循高职教育发展的客观规律，正确处理高职教育自身发展与经济社会发展的相互关系，构建和谐的发展运行机制，促使高职教育始终保持可持续发展的生机与源源不断的活力，培养具有可持续发展能力的高技能人才。以教育资源的可持续开发与利用为基础，以与经济和社会的协调发展为前提，以构建和谐的教育环境为核心，从而实现高职教育的规模增长、资源结构、投入价值、产出效益协调发展与培养可持续发展的高素质技能人才的目标。

可持续发展涉及自然、社会、经济、科技、政治、文化等诸多方面，所以，由于研究者所处角度不同，对可持续发展所作的定义存在明显差异。广为人知的定义是世界环境与发展委员会于 1987 年发表的《布伦特兰报告》中所作出的界定，即可持续发展是指既满足当代人的需求，又不对后代人满足其需求的能力构成危害的发展。

对于高职教育可持续发展的内涵，本书认为主要有三个层面的理解：一是高职教育如何为经济与社会的可持续发展战略服务；二是高职教育如何在可持续发展的理念指导下，实现自身可持续发展；三是高职教育如何实现系统内部教职工与学生的可持续发展(王亚南和王振洪，2012)。

七、高职教育质量评价

关于教育质量的概念界定，有八种典型。

一是过程观，指向教育质量的衡量要深入考察教育过程。

二是阶段观，讲求对不同阶段教育质量的考查应该有不同的标准。

三是目标观，强调目标需求驱动，教育质量的衡量要围绕衡量目标来进行。

二是要素观，涉及对教育质量的考查要关照到全部教育要素，包括物质要素和人文要素。

五是产品观，侧重教育的产品属性，将教育视为产品，着重考察其质量。

六是需求观，强调将学生与社会等对教育的需求满足程度视为衡量教育质量的标准。

七是适应观，认为教育的适应性是衡量教育质量的关键性标准。

八是系统观，倾向于将教育作为一个各要素协同运行的完整系统，测评教育质量是测评教育活动系统功能的实现程度。

也有部分学者认为，依据教育满足主体功能的适应性，教育质量可分为外适性观、内适性观以及个体适应观。

鉴于此,本书将高职教育质量的概念,界定为高职教育在培育投入、过程与产出上所表现出的高职教育体系功能实现的程度,更多地表现为学生与社会等多方的满足程度。

教育评价是在一定教育价值观的指导下,按照特定的教育质量目标与要求,采用科学、有效、规范、可行的评价手段与标准,通过系统性地搜集各类教育相关信息资料,作出相应的分析与整理,对教育活动、教育过程、教育结果进行价值判断,最终表现为促使教育系统不断自我完善并为教育决策提供充分依据的过程。教育评价的特点主要体现在五个方面:

第一,教育评价建立在一个客观事实描述的基础上。客观描述不仅包含定性描述,还包含定量分析;不仅要"客观",还要"全面""准确"。

第二,教育评价是对教育活动满足社会与个体需要的程度作出判断的行为活动,既包括已取得的教育成效,也涉及潜在性的教育价值,以对评价对象的功能、状态与效果进行价值内蕴判断为核心。

第三,教育评价是系统性、综合性强的活动过程,以目的确定、资料获取与分析、判断形成、决策指导等为主要内容,以科学的评价方法、技术为主要手段。

第四,教育评价的目标指向性较强。教育目标受社会制度、价值观念与文化背景的影响而发生改变,教育评价的目的也随之发生变化。

第五,教育评价的最终目的在于提升教育质量,实现教育价值持续增值。教育评价的增值作用主要包括激励作用、调节作用、诊断作用、管理作用与发展作用。

相较于普通高等教育,高职教育质量评价具备特殊性,指向的是高职教育内涵发展的价值。高职教育内涵发展是在立足自身情况、保持适度规模的前提下,通过完善机制带动发展、挖掘释放发展潜力、持续优化资源结构、提升技能人才培养质量、增强办学适应性,最终实现高职教育可持续发展。

高职教育质量评价的基本属性,主要体现在培养目标与培养方式上。就培养目标而言,高职教育有着明显的职业倾向性,培养的对象是适应经济社会发展需要的具备职业技能、职业素质与职业精神的高水平技能人才。高职教育依托职业岗位要求,确定学生的知识结构,要求学生要掌握适用的理论知识,更要拥有必备的岗位实践技能。在培养方式上,高职教育人才培养的过程更注重实践性与应用性,紧扣学生未来就业岗位,培养学生实践能力与应用技术能力，要求学生将所学理论知识灵活应用到职业岗位实践中，满足经济社会发展需要，匹配岗位能力需求。鉴于此，高职教育应以《中华人民共和国职业教育法》与国家职业教育政策文件为基本依据，立足高职教育发展规律，通过优化高职教育内涵发展评价关键要素，构建以技能人才培养与内涵发展为核心的质量评价体系。

八、圈层体系

圈层结构理论，由德国农业经济学家冯·杜能（von Thunnen）提出，主要分析农业与农业经济领域问题。该理论的主要观点，在于城市在区域经济发展中起主导作用，城市对区域经济的促进作用与空间距离成反比，区域经济的发展应以城市为中心，以圈层状的空间分布为特点逐步向外发展（杨斌等，2009；肖曾艳和聂辰旭，2012）。世界城市和周围地区，由内到外可以分为内圈层、中圈层和外圈层。内圈层是中心城区或城市中心区，基本没有大田式的种植业和其他农业活动，以第三产业为主，人口和建筑密度都较高，地价较贵，商业、金融、服务业高度密集；中圈层是城市边缘区，既有城市的某些特征，又保留着乡村的某些景观，呈半城市、半农村状态，居民点密度较低，建筑密度较小，以二产为主，并积极发展城郊农业；外圈层是城市影响区，土地利用以农业为主，农业活动在经济中占绝对优势，与城市景观有明显差别，居民点密度低，建筑密度小，是城市的水资源保护区、动力供应基地、假日休闲旅游之地。

圈层结构理论，主要用以反映城市的社会经济景观由核心层向外围层呈现圈层状、规则性的向心空间层次分化特征。其中，"圈"意味着向心性，"层"体现了层次分异的客观特征。城市社会经济景观由内向外分为内圈层（核心区）、中圈层（边缘区）、外圈层（辐射区），并且内圈层（核心区）向外围能产生辐射与带动作用。随着城市圈层不断向外扩展，核心区、边缘区、辐射区之间的联系不断加强，发展差距逐渐缩小，并最终达成区域经济一体化，即实现"圈层耦合"。圈层结构理论具有共生融合的核心理念，广泛应用于社会学、经济学、教育学、人才学等学科，逐渐形成了圈层体系的研究理论。圈层体系聚焦各圈层内部、不同圈层间的互动关联，促成整体性治理机制，可通过"内生基础—中间运行—外围支持"圈层体系构建运行机制，以内核基础动力、中间运行调控力量、外部支持系统三个圈层，由内至外进行有效引导，具体表现为：以内生基础保障为内圈层、运行调控条件为中圈层、外部支持系统为外圈层逐层向外扩展辐射，促成圈层协同效应；通过内圈层内生基础保障的作用机制，形成基础核心力，传导激活中圈层的运行调控动力；凭借中圈层运行调控条件的织补能力，有效驱动中圈层的运行调控过程，形成韧性衔接的耦合力，以外圈层支持系统实施形成联动力进行相应支持，保障正常运行调控状态。

第三节 研究内容和研究方法

本书引入圈层结构理论，运用生态系统健康评价理论、共生理论、环境承载力理论，以要素保障为内圈层、运行条件为中圈层、支持系统为外圈层，构建高职教育生态可持续发展圈层体系的理论框架；在此基础上将传统计量经济学方法与区域经济学和空间经济学测度方法相结合，开展湖南高职教育生态可持续发展要素保障、运行条件、支持系统质量的定量化系统评价。

一、研究内容

高职教育半壁江山局面的存在和国家示范性高职院校、全国骨干高职院校、"双高计划"建设高职院校、高水平专业群建设单位等建设项目的推动，使高职教育生态可持续发展越发重要，并成为基础条件与具备实施可能。但我们也应充分认识到，这些国家级示范高职院校如何带动所有院校发展，重点专业如何带动专业群建设，高职院校如何在内涵建设、质量文化等方面真正形成自身特色与类型定位，促使高职教育可持续发展成为必然。构建高职教育可持续发展生态，已成为一项亟待推进的系统工程。

本书希望基于国内外高职教育生态可持续发展相关理论，全面把握其内涵特征、动态发展过程和响应机制，引入圈层体系的研究新视角，运用共生理论、环境承载力理论和生态系统健康评价理论，从要素保障、运行条件、支持系统等层面构建高职教育生态可持续发展圈层体系的理论框架，以湖南高职教育生态可持续发展现状与面临的挑战为导向，进行湖南高职教育生态可持续发展要素保障、运行条件、支持系统的质量评价，进而提出圈层体系视角下推进湖南高职教育生态可持续发展的对策建议。主要包括以下研究内容：

（1）高职教育生态可持续发展基本理论研究，包括高职教育生态可持续发展的内涵特征、动态发展过程和响应机制；

（2）高职教育生态可持续发展的圈层体系理论构建，包括高职教育生态可

持续发展的内圈层体系(要素保障)、中圈层体系(运行条件)、外圈层体系(支持系统)等;

(3)湖南高职教育生态可持续发展现状分析,包括湖南高职教育生态可持续发展的基本情况、湖南高职教育生态可持续发展的问题审视等;

(4)湖南高职教育生态可持续发展质量评价,包括湖南高职教育生态可持续发展的要素保障质量评价、运行条件质量评价、支持系统质量评价等;

(5)推进湖南高职教育生态可持续发展的策略分析,为确定圈层体系视角下推进湖南高职教育生态可持续发展的发力点、关键点、突破点提供政策决策依据。

二、研究方法

本书运用教育生态学、管理学、区域经济学、空间经济学、城市社会学、环境经济学、系统学等相关理论和方法,定性与定量分析相结合,对高职教育生态可持续发展质量评价进行系统研究。

(1)文献资料法。一方面,通过文献的搜集、梳理、提炼、消化和吸纳,分析相关研究成果对高职教育生态可持续发展质量评价问题的观点,为研究提供理论上的借鉴;另一方面,运用高等职业教育质量年度报告、高职教育各类统计年鉴及公报资料和相关规划中涉及高职教育的数据指标,开展湖南高职教育生态可持续发展质量评价实证分析,对圈层体系理论分析得出的规律进行检验。

(2)调查研究法。对湖南高职教育生态可持续发展开展实地考察,对接湖南省教育厅、湖南省教科院、相关高职院校等单位,进行座谈调研、问卷调查和高职教育工作主管领导专题访谈,以文献理论为指导,结合获取的高职教育生态可持续发展质量评价相关资料与支撑数据,对其现状和问题进行分析,提出对策。

(3)系统分析方法。湖南高职教育生态可持续发展圈层体系构建研究,涉及资源、环境、经济、社会等因素间相互联系的关系。基于"生态系统健康评价理论—共生理论—环境承载力理论"三种研究视角,从要素保障、运行条件、支持系统等层面构建高职教育生态可持续发展的圈层体系理论框架;将计量经济学方法与区域经济学和空间经济学测度方法相结合,对湖南高职教育生态可持续发展质量进行多维度、多层次的综合评价。

第二章

相关研究综述

第一节　高职教育生态可持续发展质量评价研究现状

国外高职教育生态可持续发展质量评价的相关研究起步较早，主要关注高职教育生态学、高职教育生态系统、高技能人才生态系统等方面的基础理论分析和综合评价研究。高职教育生态可持续发展质量评价相关研究也受到国内学者的密切关注，研究内容主要集中在高职教育生态环境与可持续发展、高职教育生态系统、高职教育生态位、高职教育生态承载力、高职教育质量评价等领域。

一、关于高职教育生态系统的研究

基于生态系统理论，围绕高职教育生态系统的概念内涵、运行机理、建设路径等，学者们开展了大量的研究。Ashby（1966）首次提出高等教育生态学的概念内涵，将生态学的理论与方法应用于高等教育系统性研究；John 等（2001）在职业教育与培训改革研究中构建技能生态系统评价模型，阐明其各要素组成；Klimecki（2003）通过部分欧洲国家高技能人才生态系统的实证研究，指出高技能人才生态系统的综合分析能为深入探究区域人才流动的内在规律、形成机制提供方法路径；Frietsch 和 Gehrke（2006）以欧洲多个国家为例，将高技能人才培育与国家创新生态系统进行关联分析，深入解析了高技能人才雇用与高等教育模式的差异性。

凌守兴和张建华(2015)基于生态学、系统论、可持续发展哲学思想等多维视角,提出建立职业教育校企合作生态系统,有利于探究校企合作协调发展的内在机制,发现并解决其存在的现实难题。钱海军(2017)依托教育生态学理论的观点,对珠澳高职教育生态系统的形式结构、层次结构、专业结构与区域结构进行解析,由此提出有效释放高职教育生态资源,拓宽高职教育生态位宽度,改善高职教育生态位效度,促进珠澳高职教育生态系统的均衡、全面、可持续发展,能有效满足珠澳两地产业结构提质升级对高技能人才的现实需求。宋瑞超(2017)指出开展高职教育生态系统研究的核心问题是探明生态系统的基本要素,分析各要素存在的问题,优化各要素作用的结构体系,促进各要素功能的有效整合,最终实现系统平衡;提出应围绕高职教育生态系统建设要求,运用多种方法,探寻理论基础,阐述核心概念,调研存在问题,查明分析深层原因,提出解决问题的关键路径,切实增强教育效果。应莉和周彩屏(2019)研究发现高职院校创业教育生态系统存在要素发展并不平衡的问题,如师资力量较为薄弱,课程教学未成体系,思政认识不够清晰,师生联动机制不足等;为破解这些问题,只有采取平衡发展创业教育生态要素,保障生态系统良性循环,突破生态位重叠阻碍,实现精确定位,营造良好生态环境,构建师生联动机制等措施,才能促使高职院校创业教育生态系统不断完善。

闫广芬和石慧(2020)提出以高职院校为突破口,推进资源共建共享、延展高职教育生态链、强化类型特质、拓宽高职教育生态位、完善专业群建设、实现技能人才培养可持续发展,是扩招背景下继续深化与扩展高职教育生态变革的核心要义。高平(2021)提出要跳出高职院校的单一建设主体思维,以更加开放、包容的心态从创业教育生态系统的维度去深度审视高职院校创业文化内涵,基于创业教育生态系统中各因子的发展需求与互动模式变革现有的创业文化培育理念与实施策略,是高职院校谋求自身改革创新与突破发展的新路径;从创业教育生态系统的视域去考量与培育高职院校创业文化,应从优化精神形态文化、稳定制度规范文化、提升实践行为文化、改善物质环境文化等着手进行系统性建设,促进高职院校创业教育的内涵发展与时代同步,为建设创新型国家贡献应有作为。董彦宗(2021)指出对扩招背景下的高职教育生态系统进行结构优化与质量提升,是切实对接高职教育发展趋势、吻合产业转型升级诉求的改革策略,但在实践过程中存在输入性生态失衡、过程性生态失衡和输出性生态失衡等三类突出问题。吴济慧（2021）应用生态学的基本原理与方法，构建了职业教育产教融合研究的生态系统分析整体框架；认为"系统融合"与"融合系统"既是产教融合战略的设计逻辑，更应成为实践者的认识逻辑与实践逻辑；揭示了产教融合的本质特质，探讨了职业教育产教融合生态系统的要素组分与边界构成、结构体系与功能特征、共生发展的潜质、分类分级体系等基础性理论问题，为进一步研究职业教育产教融合的生态机制与生态策略奠定理论与方法的基石。宋亚峰（2021）构建了高职专业群生态系统理论分析框架；基于实地调研的数据分析，厘清高职专业群生态系统的要素组成与结构体系；从微观、中观与宏观三个层面探究了高职专业群生态系统的协同进化过程；在此基础上，系统地剖析了高职专业群生态系统的整体协同进化机制，并针对系统存在的实践困境，提出科学有效的治理路径。全守杰和陈梦圆（2022）以生态学视角解析广东高职教育体系，发现其结构特征表现为学习形式多种多样、教育教学模式单一趋同的形式结构，相对失衡的区域布局结构，重复率较高、类型丰富的专业结构。

二、关于高职教育生态环境的研究

聚焦高职教育生态环境的概念内涵、结构功能、运行机理、优化路径等，研究人员开展了大量的研究，取得了一定成果。张健（2010）界定了高职教育资源生态环境的内涵要义与基本特征；分析了财力支撑不足、设施设备短缺、政策支持有限、办学思维封闭、师资力量匮乏、课程体系错位等高职教育资源生态环境现状；提出了健全分担机制、扩充经费资源、完善制度环境、创优政策资源，组建职教集团、共享校际资源，深化校企合作、整合企业资源，举办民办高职、扩大增量资源，提升教师水平、优化人力资源，实施课程改革、重构课程资源等高职教育资源生态环境优化配置与重组的对策。梁伟东（2014）阐述了高职教育制度生态环境的基本内涵及意义，从高职教育制度体系下的行政生态环境问题、文化生态环境问题及经济生态环境问题等角度，揭示了制约高职教育体系功能发挥的主要障碍，并从优化行政生态环境以激活高职教育制度体系活力、优化文化生态环境以巩固高职教育制度体系基础、优化经济生态环境以增强高职教育制度体系机能等角度，提出高职教育制度生态环境的优化创新路径。龚群英（2016）指出高职教育生态系统与区域经济产业之间存在多维互动关系，从高职教育制度生态环境的特征、高职教育经济生态环境的特征及高职教育文化生态环境的特征等方面解析高职教育生态环境的基本构件的主要特征，并给出革新服务区域经济发展的高职教育制度生态环境、优化服务区域经济发展的高职教育经济生态环境及创新服务区域经济发展的高职教育文化生态环境等具体策略。徐辉（2016）阐述了高职教育的生态环境的内生性结构及其与创新型人才培养的互促关系；从高职教育文化生态环境、高职教育制度生态环境及高职教育教学生态环境等方面揭示了高职教育生态环境对创新型人才培养的阻碍根源；提出创新高职教育文化生态环境，重构高职教育制度生态环境及优化高职教育教学生态环境等具体策略，以探索创新型人才培养的高职教育生态环境构建的新路径。王传薇（2018）介绍了生态环境视域下的现代高职教育理念，界定了生态环境视域下现代高职教育发展动力的内涵，并从生态环境下的社会发展历史进程、促进生产力加速提升、推动高职教育发展的主体等层面对影响现代高职教育发展的动力因素进行了分析，进而探究经济腾飞、行政力量、文化力量、信息化对现代高职教育发展的推动作用，并对动力因素如何推动现代高职教育发展进行了深刻的阐述。罗亚（2020）指出从高质量发展视域去分析高职课堂生态环境建设的内涵结构，梳理高职课堂生态环境建设的现实诉求，并由此选择高职课堂生态环境建设的可行路径，已成为形成中国特色高职教育发展模式的必然与必要。

三、关于高职教育生态位的研究

生态位理论在高职教育研究中应用较为广泛，取得了一定的研究成果。王炎斌（2010）引入利益相关者概念，以系统论的理论和方法分析高职教育校企合作中主要利益相关者的动力机理，并由此得出结论：高职院校深化校企合作必须进行生态位管理，明确空间生态位、优化功能生态位、拓展多维生态位，以校企合作的协同效应实现利益相关者的整体利益最大化。金晓春等（2011）从教育系统、教育群落和高职院校本身不同层次分析了农林类高职院校的生态位，并结合其生态位的合理定位、教育群体中生态位的分化、个体生态位的泛化与特化等方面有针对性地提出了生态对策。邢运凯（2012）指出长期以来的快速发展和其他高等教育层次的生态位移动，使我国高职院校存在生态位重叠、生态布局不合理、生态位层次混乱等问题；对高职院校生态位进行合理矫正，应结合高职院校的教育类型生态属性，形成高职院校自身的生态个性并相应体现在生态位上，进而通过生态位策略的调整实现高职院校生态位的优化。

邢运凯(2012)指出我国高职教育生态位高度重叠,并被高等教育系统的强势教育集群挤压,导致生态位结构失衡,教育资源的输入和转化功能弱化,应通过生态位移动、生态位补充、组建高职教育集群、构建高职教育生态评价体系等措施进行矫正。周传林(2014)通过对高职院校生存空间、生存危机的分析,明确高职院校在教育生态位中的地位以及与地位相应的使命与责任,指出在构建现代职教体系中应把握好角色定位,坚持错位发展、特色发展和持续关注学生个性发展等发展策略,才能在职业教育生态中实现资源的有效整合和利用。丁帮俊(2018)从技术生态位角度看,认为高水平职业教育应体现为高水平的技术技能、快速的技术技能迭代速度及鲜明的技术技能创新特色。梁晨和王屹(2020)指出借鉴生态位理论是对高职院校新时期发展的政策、经济和类型转变三重源流的呼应,有助于突破高职院校建设观念强化过度、内外部间联动关联度低、高职院校建设与区域发展的生态位失衡的困厄。徐晔(2020)基于生态位理论的分析和《国家职业教育改革实施方案》的政策要求,提出新形势下高职教育生态位优化应坚持"目标定位—结构优化—制度保障"的路径,可从四个环节实现:明确高职教育发展面向人人,搭建产教融合的"职教桥",贯通职业教育体系,并从制度层面入手保障高职教育发展的外部环境。申俊龙等(2020)认为高职教育需要在高等教育体系中形成各自的生态位,以无锡商业职业技术学院、江苏海事职业技术学院与苏州健雄职业技术学院为案例,分析这3所高职院校的国际化产教资源优化组合模式的具体实践,从中发现校企教育资源组合的动力机制、路径和方法,形成高职院校的产教资源优化组合模式的研究案例。黄煜(2021)结合生态位理论,阐释了高职院校创新创业教育生态位的内涵释要,认为我国高职院校创新创业教育生态位困厄的根源在于生态位重叠、生态位张力不足和生态位整体割裂,并对此提出了生态位的有效分离、生态位的张力扩展和生态位的有机协同等脱困路径,以期促进我国高职院校"双创"教育的健康发展。卿利军等(2022)从生态位视角来看,认为高职教育同样存在着与自然生态系统相对应的结构层次,高职教育国际化作为其子系统,是高职教育生态位宽度拓展和生态位扩充的新路径,是在全球化大背景下,高职教育通过"引进来"与"输出去"的资源配置活动,实现培养国际化高等技术技能型人才的需要。

四、关于高职教育生态承载力的研究

高职教育生态承载力研究在概念解析、发展路径与提升策略、实证分析等方面取得了一定成果。在概念解析方面，苗立峰等（2011）从承载力的概念出发，指出高等职业教育系统生态承载力的内涵在于以相应的教育资源和能支持其发展的办学环境保持高等职业教育的结构、规模、质量、效益持续稳定地相协调发展，具体包含两个层面：一是指能使高等教育生态系统维持自我调节与自我适应的教育资源与环境子系统的支撑能力；二是指在一定的教育资源与环境因子（政治、经济、文化等）的支撑下与一定的质量、效益相协调的高等职业教育系统的发展能力或发展目标（规模）。吴炜炜（2015）指出高职教育生态化建设包含生态位、生态链、生态承载力和生态创新力等生态因子，生态型高职教育构建应以"升转稳步"的最适度生态承载力为支撑，以创新能力更优化发展为突破。

在发展路径与提升策略方面，钱海军（2014）以教育生态学理论分析区域内高职教育生态结构，提出增强生态承载力、构建多元生态评价机制是构建珠中江高职教育生态圈的有效路径，以此实现教育优质、均衡、全面、开放和可持续发展。董彦宗等（2019）认为高职教育生态因子优化的有效措施在于改革体制机制，校企开放育人，强化基础建设，提升高职教育生态承载力。李鑫等（2020）指出通过构建合作空间、重视文化融合，促使生态承载力更加包容。郭丽君和周建力（2022）提出应提升高职教育政治、经济、文化环境承载力，优化生态位环境，实现高职教育生态系统发展突破。

在实证分析方面，苗立峰等（2011）依据高职教育生态承载力的内涵，通过教育资源与环境子系统的支撑能力对河北省高职教育生态承载力进行分析，发现教育投入总量偏低、办学条件相对落后、师资队伍建设滞后、思想认识和制度建设不到位等现实问题，指出河北省必须在加大高职教育体系的内部改革力度的同时，加强高职教育生态系统的外部环境建设，不断提升高职教育体系的生态承载力，实现高职教育的生态可持续发展。段从宇（2019）开展各省（区）市高职教育体系教育资源承载力测度分析，研究发现北京、江苏、广东、湖南、四川、河南、山东、安徽等省市应切实承担起高职教育扩招的主体责任，西藏、新疆、青海、海南、宁夏等省（区）应积极调整高职教育的专业结构，上海、天津、浙江等省市可在理论数值基础上适度扩大招生规模，并积极鼓励民办社会力量参与高职教育。

五、关于高职教育生态可持续发展的研究

高职教育生态可持续发展相关研究受到了国内学者的关注。张健（2007）分析了当前高职教育发展偏离生态环境要求的七个方面问题，并有针对性地提出了优化高职教育生态环境可持续发展的相关对策。周建松（2009）指出如何从更高层面发展高等职业教育，探索并建立高等职业教育可持续发展的良好生态，依然是一个值得研究的大课题。王亚南等（2012）基于生态学的价值取向与基本原理，阐释了高职教育可持续发展的生态内涵，探讨了当前高职教育所面临的一系列生态失衡问题，并试图探析高职教育可持续发展的生态路径。单武雄和欧剑锋（2014）运用教育生态学的一些基本原理，分析高职院校校企合作发展过程中存在的企业参与合作的动力不足、校企合作教育生态失衡等主要问题，并提出提高校企合作生态系统的平衡性等高职院校校企合作可持续发展的对策。凌守兴和陈家闰（2018）从生态学视角围绕合作理念、合作能力、合作机制、政策保障、区域环境五个维度对长三角地区的苏州、南京、杭州、宁波四个城市的高职院校校企合作生态系统运行现状进行了调研与分析；结果表明，长三角地区高职院校校企合作生态系统已初步形成，但仍存在院校合作能力有待提升、校企合作运行机制有待进一步优化等问题；为实现校企合作生态系统的可持续发展，未来应进一步强化政府推动职能，创新校企合作运行机制，增强高职院校合作能力，实施多元化系统评价。宋杰（2023）指出高职教育生态可持续是一项复杂的系统工程，其内涵特征涵盖了高职教育环境质量有效改善、高职教育规模效益持续扩大、高职教育资源结构不断优化、高职教育产出价值充分发挥和高职教育投入活力显著提升等方面。

六、关于高职教育质量评价的研究

围绕高职教育质量评价的概念内涵、运行机理、体系构建、实施路径等，学者们进行了大量的探索。万彭军（2008）从我国高职教育质量评估标准的制定、评价标准的指标体系等方面提出了我国高职教育评价中存在的问题。吴亚萍和任爱珍（2009）基于学生、学校发展的高职教育质量观与评价观从根本上揭示了高职教育质量的本质，开发合理的课程、提升教师素质则是控制质量的关键。张耀嵩（2012）针对存在的问题，认为可以将高职教育质量评价与保障体系

划分为办学资格评价、专业质量评价和质量保障体系三个子系统，分别发挥办学资格准入评价、专业内涵质量建设评价和教育质量保障等作用，以克服现行体系定位、职责、功能划分等方面的问题。周建松（2012）提出必须从高职教育的实际出发，树立正确的质量观，进一步健全和完善高等职业教育质量评价制度，构建一个体现开放性、多元性和立体化要求的高职教育质量评价体系。孙毅颖（2013）指出"职业性""高等性"是高等职业教育的本质属性，高等教育的"职业性"发展趋势和职业教育的"高等性"发展趋势是推动高等职业教育发展的动力；在二者融合发展的趋势下，构建了我国高等职业教育质量评价体系。卢德生和刘冲（2016）研究发现高职院校校本教育质量评价体系应该包括对专业目标定位、课程建设、师资队伍、培养过程和学生发展诸多因素的评价，每个评价项目统摄若干评价要点和评价内容。王秋梅和张晓莲（2016）基于高职院校创新创业教育在内容设置、核心竞争力、外部情境等方面区别于本科院校的差异性，构建包括要素评价、过程评价、影响力评价三个维度的高职院校创新创业教育质量评价体系，应用层次分析法确定各指标权重，并以中国专科院校排行榜35强为样本进行实证分析。常佳佳（2017）对高职教育质量评价体系的发展过程进行了梳理，分析了目前我国高职教育质量评价体系缺乏高职特色、学校自评羸弱、政府评价趋于形式化、第三方评价发展不足等问题，并针对这些问题提出了相应对策，从而为完善我国高职教育质量评价体系提供参考，以期更好地促进高职教育质量的提升。谭春华和王庭之（2020）指出我国高职教育质量评价经历了以满足办学条件为主、重视人才培养为主、建立示范引领为主和质量发展为主的变迁，评价科学化和规范化有了进一步的发展，但也存在评价主体单一化、评价目标偏颇化、评价方法定势化、评价过程模糊化的困境，提出在新时代要全力推动高职教育质量评价的发展，理应从基于学情认知的质量评价精准化、基于院校自主的质量评价综合化、基于多方参与的质量评价多元化和基于学科介入的质量评价科学化等方面入手，通过高质量评价来推动建立中国特色高职教育发展体系。牛彦飞等（2021）针对当前高职教育内涵发展质量评价存在的问题，提出以体现高职教育特色、服务社会发展、满足人的潜能发展等为重心，构建科学合理、动态发展的中国特色高职教育内涵发展质量评价体系，聚焦重点——分层分类、系统衔接地构建质量评价指标体系，疏通堵点——完善动态发展的质量评价原则，破解难点——引入独立运作的第三方评价机构。周明星和唐书玉（2022）基于"类型"这一现代职业教育本质特征，提出未来高职院校高质量教育评价应以习近平新时代中国特色社会主义思想为指引，实现理念"嵌入"；以"双高计划"建设目标的绩效考核评价为改革引擎，实现动力"匀和"；以利益相关者的"投入—产出—影响"为基本思路，实现利益"联结"。

第二节　圈层体系研究现状

圈层结构理论应用从农业经济分析延伸到城市空间规划，圈层结构理论对城市扩张和发展的一般性规律进行了概括总结，对发展城市经济、推动区域经济一体化高质量发展具有重大指导意义。圈层结构理论现已被引申应用到经济学、社会学、教育学、人才学等学科，增大了研究的广度和深度，越来越强调社会综合性和人文内涵，形成了圈层体系的基础性研究，用来分析解决各学科面临的问题。

一、圈层体系在经济学领域中的应用研究

王悦和王光龙（2012）利用成都市三个圈层各区（市）县土地面积、人口密度和地区生产总值等相关数据，对成都市圈层经济结构特点进行分析和总结，研究表明成都市有三个圈层，分别具有不同的经济、产业结构和人口特征。郑德高等（2017）基于宏观研究视角，解析了上海大都市圈核心、近郊区、外围圈层的空间结构布局与功能演变特征；从微观企业关联的研究视角切入，探究上海大都市圈在不同价值区间的功能特征与网络组织模式。陈世栋和袁奇峰（2017）构建基于增长主义与生态主义协同的一般模型，以广州为研究区域，结合政府、市场、功能、产权四者的空间关系辨析城市生态韧性及其圈层结构特征，深入解析了处于核心圈层中的果树保护区以国有化完成生态韧性止损，处于外围圈层中的增城凭借划定三大功能板块达到生态韧性增进的两个典型案例，并对过渡圈层生态韧性的市场与政策双失效困境进行了剖析，提出过渡圈层破题的关键在于构建空间发展权协调下的生态韧性增进机制。

吴朝宁等（2021）借鉴圈层结构理论，依据游客空间集聚特征建立景区层次结构，利用大量游客长时间签到蕴含的时空信息，分析游客空间分布扩张规律，挖掘地理要素关系，提出基于圈层结构理论的游客活动空间边界定量提取新方法。陈劲和侯芳（2022）指出，链群合约重构企业价值创造系统和运作系

统,形成按"人单合一"可聚,有新需求可散,多链群海量节点协作可控的圈层结构组织;当数字平台能够支持超网络模式的链群业务时,链群合约具备了规模服务的条件;链群合约以"序的再生产"形式,通过数字平台治理进行行为规范、资源配置、激励设置等以维系圈层组织形式。王春娟等(2023)以地缘距离与航运收益组合为分析依据,探索以国家为单位的政治行为体组合方式,提出了北极航道地缘政治格局的立体式圈层结构——以北冰洋为中心的不同利益与不同立场的由内向外传导输出的五层结构;基于各圈层结构的航运利益、观念主张和政策制度,解析各圈层内外部的竞合关系,提出未来博弈的焦点在于最内层的北极航道沿海国家"内水化"主张与制度化管辖及其他圈层的"航行自由"平衡走向,各圈层间与内部的竞合关系也将随着资源、利益主体的诉求变化与进程的推动而逐渐发生改变。

二、圈层体系在社会学领域中的应用研究

马梦岑和李威利(2020)从空间生产理论出发,解释城市基层社区的空间结构,认为在当代中国城市空间生产的过程中,形成了一个相互包含的圈层结构,它以区县、街镇、小区/社区、楼道/楼组、家户为单元。周嘉卉(2021)从情感构建、团魂营销、周边反哺三个方面,分析《明星大侦探》是怎样构建独特的文化生态圈层的。朱卫志(2021)从英文科技期刊、数字出版平台、科研学术共同体、数字期刊评价四个方面入手,对打造我国科技期刊国际竞争力的生态圈层提出实施策略,以期进一步拓展我国科技期刊的发展思路与空间。许立勇等(2022)依托圈层结构理论和文化圈等理论,选取广西为研究样本,探究民歌遗产各圈层结构传承与活化模式等存在的问题,针对不同圈层提出民歌遗产传承与活化的优化路径,为其提出有效策略。

三、圈层体系在人才学领域中的应用研究

人才协同发展方面,周仲高等(2019)基于协同理论,以体制机制创新为动力、要素协同为内核、条件协同为中介、环境协同为保障,构建粤港澳大湾区人才协同发展圈层结构理论模型,并以此为基础,针对当前粤港澳大湾区人才协同发展面临的战略理念滞后、市场条件不足、创新环境欠缺和协同效应递减等现实困境,从加强顶层设计、创新协同机制、强化人文融通、聚焦服务贯通、建设载体平台等方面提出促进粤港澳大湾区人才协同发展的策略。

人才培养方面，汪岚(2019)以区域性的地方院校特性为立足点，对文创相关专业进行深入的区域市场调研，以圈层理论为论证基础，依据应用型人才培养的结构和流程，围绕产业链、创新链、服务链调整专业设置，探讨全新的文创教学品牌中心人才培养模式。谭明雄等(2021)梳理了学生在不同发展阶段的价值取向、能力要求、资源需求、支持载体和利益相关方的诉求，将"三圈层"理论引入"双创人才"培养，构建以价值圈为根本，推动能力圈发展，以支持圈为关键的"三圈层"协同育人模式，形成"1+1+1>3"的协同效应，该模式为地方高校的人才培养和专业发展提供了参考。

四、圈层体系在教育学领域中的应用研究

区域教育资源配置方面，杨斌等(2009)运用圈层结构理论，探索职业教育城乡一体化模式。李妮(2021)指出粤港澳大湾区职业教育合作可形成的校企合作网络呈现多层级、圈层化的结构特点。刘天宝等(2022)指出成绩较好的城市综合社会群体子女学校，成绩一般的产业工人及一般技术人员子女学校，成绩优异的教师、政府和企事业单位管理者及专业技术人员子女学校，成绩落后但生均教育资源充沛的农村地区学校等4类学校在市域范围内分异明显，形成了从内向外的5个教育圈，即城市中心教育圈、城市郊区教育圈、城市新区教育圈、外围城镇教育圈和外围乡村教育圈；教育资源在教育圈之间呈高低相间分布的特点，教学成绩和学生家庭社会经济地位呈现出从中心向外围逐步降低的特征。赵娉娉(2023)依据生态学理论指导，建构学校教育生态系统理论模型，利用模型分析与审视学校教育微观、中介、外在、宏观圈层生态系统的构建与运行；提出优化"双减"背景下的学校教育生态系统，应厘清家校社职责分工、加强家校社同向共育、优化区域中学校内外环境以及系统完善顶层设计保障体系，以此促进学校教育生态系统的可持续发展。

高校教育研究方面，张继龙(2017)指出我国大学中的院系学术治理呈现出一种权力圈层结构，即党政核心领导居于学术权力的中心，其他行政领导位于学术权力核心的外围，普通教师处于学术权力的边缘。李悦(2019)指出圈层化使得高校思想政治教育面临学生个体选择能力弱化、高校话语权威式微、意识形态传达中断、错误倾向纠偏失效等现实困境。因此高校思想政治教育工作要坚持主体间性，持续塑造"圈内人"形象；整合教育平台，融入网络圈层；转变话语方式，再造开放、兼容、综合的新圈层，积极探索破解圈层化困境的优化

路径。刘刚和丁三青(2020)提出大学卓越教师的教学学术能力整体呈现为圈层性结构，包含核心层、中间层和边缘层等三个圈层，涵盖价值、情感、知识、方法、人际和技术等六个层级，每一层级由不同的能力要素构成，并发挥着不同的价值和功能；教学学术能力圈层结构区分了不同能力的结构性作用，兼顾了层次性和具体性，突出了价值、人际以及技术层次能力的独特价值，深化了人们对教学学术能力结构的内部性认知，凸显了文化性特征和时代性元素。刘望秀和王歆玫(2021)认为圈层相对固定的话语体系容易导致党史学习教育缺位，社会注意力的稀缺容易使圈层过滤党史学习教育，圈层的排他性和封闭性使党史学习教育难以精准实施。青年网络交往圈层化背景下，加强青年党史学习教育要从培养育人队伍入手，使党史学习教育融入圈层；从增强青年互动参与度入手，提升党史文化认同；从优化党史学习教育知识内容供给入手，扩大教育圈层。邢文利和裴丽梅(2021)将圈层结构理论和协同理论引入研究生课程思政建设，作为理论基础，提出构建圈层式研究生课程思政协同育人模式，包括构建圈层式研究生课程思政育人主体、圈层式研究生课程思政育人课程、圈层式研究生课程思政育人课堂，充分发挥以教学名师、示范课程、第一课堂为核心圈层的向外辐射带动作用，加快提升研究生课程思政的整体建设水平和加快推进速度。马福运和宋晓珂(2023)提出构建良好的高校思政课生态，提升教学质量是本体圈层，加强顶层设计是基础圈层，营造良好氛围是条件圈层，提升服务水平是保障圈层。

职业教育方面，宋杰(2023)引入圈层结构理论的研究新视角，以职业教育单元协作、资源整合、环境建设与界面传递为职业教育一体化的要素保障，以职业教育环境质量提升带动、城产教融合推动、职业教育资源配置联动和职业教育治理制度驱动为其运行条件，以共生发展的职业教育环境质量提升体系、统筹协调的城产教融合发展体系、共享发展的职业教育资源联动体系和运行有效的职业教育政策制度体系为其支持系统，由此构建了职业教育一体化圈层体系理论框架，为我国职业教育一体化系统研究提供理论依据和方法体系。宋杰(2023)以技能人才供需的协同性、职业教育与产业的适应性、职业教育生态体系的融通性为要素保障，以职业教育规模集聚转向内涵发展、职业院校融入区域发展、职业教育与城镇化互动、中高本职业教育一体化和专业链与产业链深度融合为运行条件，以共生发展的技能人才供给驱动体系、统筹协调的区域经济增长带动体系、共享发展的城乡统筹联动体系、开放包容的职业教育衔接贯通互动体系和运行有效的专业与产业适应性提升推动体系为支撑系统，构建职业教育赋能区域经济高质量发展的圈层体系理论框架。宋杰（2023）基于高职教育体系生态承载力的基本内涵，以职普融通生态体系构建机制理顺、产教融合发展动力机制激活、高职教育赋能经济社会发展和服务学生全面发展机制推进、科教融汇支撑机制优化为其内生基础保障，以深化高职教育资源整合、畅通高职教育界面传递、改善高职教育环境建设、提升高职教育单元协作为其运行调控条件，以高职教育经济环境承载力增强体系、文化环境承载力提升体系、科技环境承载力促发体系、政治环境承载力稳定体系为其外在约束系统，构建了其圈层体系理论框架，为我国高职教育体系生态承载力研究提供了理论依据与方法体系。

国内外高职教育生态可持续发展质量评价在概念解析、实证分析、提升路径等方面取得了显著成果，特别是在提升区域高职教育生态系统功能、优化高职教育生态环境等方面具有普遍的指导意义。但该研究尚未形成完善的理论体系，需要研究解决以下核心问题。

一是基于内涵探寻的高职教育生态可持续发展研究体系建设有待深入。

二是高职教育生态可持续发展的多维度理论探寻与应用有待加强。要在理论层面深入解析高职教育生态可持续发展的内生逻辑和运行机制，则对关键要素和核心指标的深度解析还有待加强，要将其理论应用于实践。

三是系统性实证分析和交叉学科方法运用有待提升。高职教育生态可持续发展定量化研究较少，对量化指标、数据采集、评价方法等方面的研究还在探索中，综合教育学、生态学、区域经济学、空间经济学等学科分析方法的交叉应用不足，评价方法和实践应用有待进一步丰富。这正是本书需要重点突破之处，以期提供可资借鉴的方法体系，在实践层面为破解高职教育高质量发展难题提供科学路径。

第三章

高职教育生态可持续发展的内涵特征、动态发展过程和响应机制

高职教育生态可持续发展的本质属性，在于以创设良好的高职教育生态内在环境与外在承载为基础，以高职教育服务区域经济和社会协调发展为前提，以提升高职教育主体的生态互动性为表征，以构建整体和谐的高职教育环境（显性环境建设提升与隐性环境保障机制完善）为核心，从而推动高职教育环境质量、规模效应、资源结构、产出效益的协调发展，实现培养可持续发展的高质量技能人才的目标。

一、高职教育生态可持续发展的基本内涵

高职教育生态系统是一个具备开放性、动态性、多样性特征的复合生态系统，由高职院校各类教师、教育教学行政管理者与学生等行为人，高职院校、政府部门、行业企业、高职教育培训相关社会组织机构等培养技能人才的各类机构，组织环境与经济、社会、科技、文化、政治等外部非生物因素及因素间相关作用关系而组成（翟国静等，2010；董彦宗，2021；徐晔，2021）。从自然—社会—经济复合生态系统视角综合考虑，高职教育生态可持续发展不仅意味着为技能人才提供生态可持续发展服务的高职院校校园生态有效提质，还意味着高职教育经济生态发展持续提升、高职教育管理生态日趋完善、高职教育科创生

态结构不断优化与高职教育政策生态充分保障的和谐共生（翟国静等，2010；张雨和曹必文，2018；游艺等，2019；庞晓琛和郭红，2020；徐晔，2021；郭丽君和周建力，2022）。高职教育生态可持续发展的核心要义，在于从整体上把握和解决高职院校校园生态有效提质、高职教育经济生态持续提升、高职教育管理生态日趋完善、高职教育科创生态不断优化与高职教育政策生态充分保障间协调发展的问题，促使高职教育生态系统保持最佳的运行状态。在结构上表现为高职教育资源高效整合与结构层级体系的适配性，在过程上表现为高职教育可持续管理的高效性，不仅涉及更加优良的高职院校校园环境，还包含了更高的高职教育社会文化管理水平与更强的高职教育科创效能，更好的城市—产业—高职教育（城产教）融合发展效益，更具活力、更完善的高职教育政策与制度体系（翟国静等，2010；张雨和曹必文，2018；游艺等，2019；庞晓琛和郭红，2020；徐晔，2021；郭丽君和周建力，2022）。高职院校校园生态有效提质的核心在于推进高职教育环境质量有效改善，建设共生发展的高职教育环境支持体系；高职教育经济生态持续提升着眼于推进高职教育规模效益持续扩大，打造统筹协调的城市—产业—高职教育融合体系；高职教育管理生态日趋完善体现在高职教育资源结构不断优化上，形成共享发展的高职教育资源联动体系；高职教育科创生态不断优化聚焦于高职教育产出价值充分发挥，健全开放包容的高职教育科创互动体系；高职教育政策生态充分保障的价值在于高职教育投入活力显著提升，完善运行有效的高职教育政策制度体系。总体来看，高职教育环境质量有效改善是高职教育生态可持续发展的实质，高职教育规模效益持续扩大和高职教育产出价值充分发挥是高职教育生态可持续发展的主要动力，高职教育资源结构不断优化和高职教育投入活力显著提升是高职教育生态可持续发展的依托保障。

高职教育生态可持续发展理念强调，高职教育是整个生态系统的组成部分，应促使高职教育向社会各层面全方位地拓展，实现高职院校、政府部门、行业企业、高职教育培训相关社会组织的相互配合，保持高职教育生态系统的和谐与稳定，达到整体育人的目的。高职教育生态可持续发展理念更强调高职教育体系中各要素的有机整合，所以高职教育工作不能仅限于高职院校内部，而应广泛存在于高职院校及社会生活的生态系统中，其内蕴表现为高度和谐、生态融合、共享发展，以人为本是其核心表现，整体和谐是其发展归宿，生态调适是其基本形态，全面协调可持续发展是其未来方向（图3-1）。

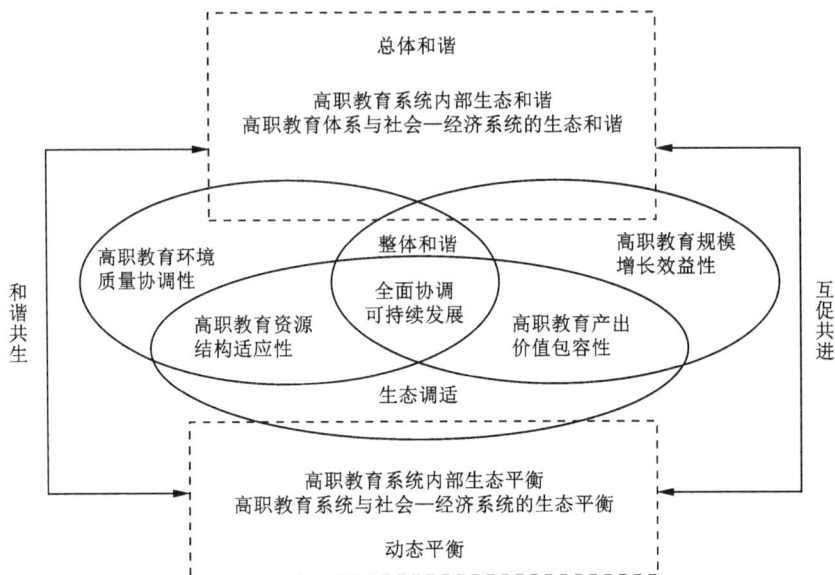

图 3-1　高职教育生态可持续发展的基本内涵

1.核心表现：以人为本

高职教育生态可持续发展的价值诉求，在于培养可持续发展的高质量技能人才，实现高职教育的终极功能——学生的全面发展，包括学生的综合素质提升、学生的可持续发展。在高职教育生态可持续发展过程中，以人为本始终是其核心表现。高职教育的本体功能是促进学生个体的差异化发展，而其派生出来的社会功能则包括政治功能、经济功能、文化功能和生态功能。可持续发展的高职教育强调人的主体价值，所培养的学生不仅应具有宽厚的知识基础、丰富的文化内涵、适应社会需要的技术技能，还应具有独立、进取、创造、民主的品质及主体意识和批判精神，更重要的是具有可持续发展的潜能，能进行自我教育以至终身教育，学会关心社会公正与公平、生态环境及人类自身的可持续发展，从而实现高职教育的整体功能。

2. 运行归宿：整体和谐

整体和谐是高职教育生态可持续发展的运行归宿，主要体现为把高职教育视为一个发展的、整体的生态系统，通过探寻这个系统各层次结构的有序性、各构成要素的和谐性和功能发挥的整体性，使高职教育有所作为。高职教育的可持续发展是一项系统工程。高职教育生态的整体和谐包括高职教育生态系统内部与高职教育生态系统外部环境的和谐发展，主要表现为坚持平等互动，促进包容发展，保持体系完整，实现协调共进。高职教育发展的整体和谐主要包含两层含义：一是高等职业教育结构、规模、质量、效益的协调发展；二是高职教育与经济社会相互协调、全面统一的可持续发展。高职教育在发展过程中，其结构、规模、质量、效益既受经济可持续发展条件的制约，反过来，高职教育的可持续发展也对社会、经济的可持续发展起促进作用。在高职教育生态实践中，教育者、教育措施、受教育者始终都基于高职教育生态系统的整体相互关联，教育者和受教育者通过高职教育措施这一中介平等互动，共同发展。同时，以高职教育措施为中介的教育者与受教育者的平等互动，又是在社会—经济生态系统、高职教育生态系统的层次性整体结构中开展的。通过内外关联的教育者与受教育者的平等互动，高职教育生态系统的共生性、互动性、自我调控性才得以有效体现。

3. 基本形态：生态调适

高职教育生态系统涉及经济、社会、科技、文化、政治等要素间的相互作用，形成了高职教育生态可持续发展的内在调适机制。生态调适是高职教育生态可持续发展的基本形态，包括保持高职教育体系内部、高职教育体系与经济—社会系统等层面的生态平衡，主要表现为促进循环协调，保持和谐平衡，开展网络构建，实现资源整合，形成一个具有调控能力的生态系统，层层整体推动和维持高职教育生态的动态平衡。高等职业教育的可持续发展，就是高等职业教育系统内外生态环境的动态平衡。平衡是适应、调节、协调的结果，对内是高职教育体系内部要素协调的结果，对外是高职教育体系与社会、经济、文化以及自然环境适应、调节的结果。可持续发展的高职教育必须在自我调节、自我适应的弹性限度上与这些生态因子组成的环境取得动态平衡。

4. 未来方向：可持续发展

高职教育体系的发展是随着生态环境的改变而变化的。在正常的状态下，高职教育生态系统的发育进化将不断展开，将实现正向的、积极的演变，从而不断向前发展，呈现出生态化和科学发展所包含的可持续发展。可持续发展的高职教育体系的规模、办学条件、人才培养模式、教育内容、教育手段与形式必须与未来社会教育环境和社会需求的变化相适应，以保持高等职业教育自身发展的可持续性。依据生态论和可持续发展观点，高职教育生态更强调高职教育制度的生态导向，关注高职教育制度的生态合理性，从而促使高职教育生态系统发生积极的变化，使其实现可持续发展。

二、高职教育生态可持续发展的要素体系

基于高职教育生态可持续发展的基本内涵，其要素体系可归纳为包容与协同两个层次（图 3-2）。一是内部包容体系，即高职教育资源结构不断优化、高职教育产出价值充分发挥和高职教育投入活力显著提升，表现为高职教育培养质量的优化与治理效能的提升，促进高职教育管理效能、高职教育科创效益、高职教育政策协调效益的有机统一，以高职教育资源结构联动化、高职教育产

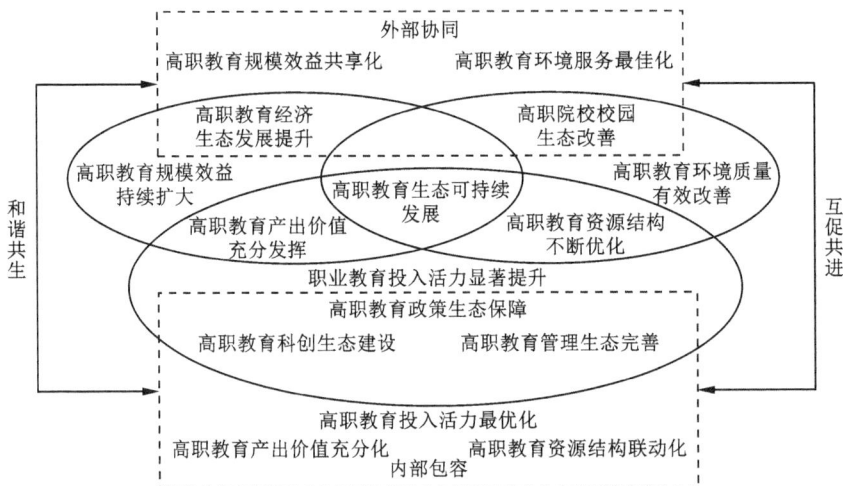

图 3-2　高职教育生态可持续发展的要素体系

出价值充分化、高职教育投入活力最优化助力实现高职教育管理生态日趋完善、高职教育科创生态结构不断优化与高职教育政策生态充分保障的包容性发展。二是外部协同体系，即高职教育环境质量有效改善和规模效益持续扩大，表现为高职教育环境资源整合与经济空间调整的双重作用，促进高职教育生态环境效益与高职教育经济发展效益的共同提升，以高职教育环境服务最佳化、高职教育规模效益共享化助力实现高职院校校园生态有效提质与高职教育经济生态发展持续提升的协同共生。

三、高职教育生态可持续发展的特征表现

1. 结构层面的系统性

高职教育生态可持续发展是对高职教育体系资源的供需、互动、监控、保障等各环节进行全链性生态观照，运用生态系统思维审视高职教育可持续发展状况。因此，高职教育生态可持续发展视角致力于聚焦高职教育资源环境要素间的结构性关联，探寻高职教育生态可持续发展的内在机制。

高职教育结构系统性的特征，主要体现在高职教育生态可持续发展体系被分解成三大作用系统，分别是潜在驱动系统、发展承压系统、可持续发展调控系统。潜在驱动系统阐明高职教育生态可持续发展的动因；发展承压系统解释其体系中高职教育资源结构关系及产业—科技—高职教育间互动机制；可持续发展调控系统旨在监测和调控体系各要素状况，采取相应举措进行系统调节，使之维持生态可持续发展。高职教育生态可持续发展的运行逻辑彰显于潜在驱动系统、发展承压系统、可持续发展调控系统的内涵结构与互动关系中，表现为高职教育生态可持续发展过程中对高职教育环境质量改善、规模效益扩大、资源结构优化、投入活力提升、产出价值发挥的追求（宋杰，2023）。

2. 目标层面的双向保障性

高职教育生态可持续发展追求数量适度性与质量有效性两个向度。高职教育的结构体系与运行质量、发展规模与增长速度既要符合地区对高职教育的合理需求，也要充分考虑地区环境对高职教育的承载容量与支持能力，监测地区资源环境各要素对高职教育提供的潜在发展容量，由此确定高职教育适宜的规模和速度。

高职教育的数量适度性主要反映在高职教育生态承载力上，必须以高职教育资源合理配置为前提，通过高职教育发展规模、办学经费投入、师资队伍建设等方面资源承载的均衡发展，发挥高职教育最佳效能，实现高职教育产出价值充分发挥。高职教育的质量有效性与高职院校办学理念、专业设置、发展模式等密切相关。高职教育的质量有效性，在于促使教育生态链、学科专业链、产业运行链、技能人才培养链的有效融合，确保高职教育通过培养高素质技能人才，助推区域经济产生可持续的增值效应。

3.行动层面的协同性

高职教育生态可持续发展涉及多个单元主体(政产学研，包括政府、产业、行业企业、科创、高职教育等系统)。在高职教育生态可持续发展中，必须处理好单元主体间的关系，实现协同。在与政府系统的关系处理上，高职院校要着眼于地方发展的整体性思维和差异化特色路径，充分发挥高职教育的应然功能，打造高职教育服务区域经济社会高质量发展的不可替代性。在与产业系统的关系处理上，高职院校要依托产教融合发展对技能人才培养质量、结构、规模、效益的需求，通过提升专业设置前瞻性、校企合作实效性、人才培养适切性，有力地服务与支撑地区产业发展。在与行业企业系统的关系处理上，高职院校要通过创新合作模式、夯实合作平台、构建长效机制，促使企业和高职院校在合作中实现双赢。在与科创系统的关系处理上，科创系统为技能人才整体培育与复合型高技能人才聚集，提供科技支撑原动力。在高职院校内部关系处理上，要通过体制机制改革创新、职能职责优化调整、人事分配制度改革优化等多种方式，有效培育师生对院校的归属感，充分激发院校创新创业的能动性。

四、高职教育生态可持续发展的动态发展过程

针对高职教育生态可持续发展面临的高职教育服务供给、城产教融合联动、高职教育资源投入保障、高职教育科创协同开放合作质量、高职教育管理体制与协调机制创新等方面有待提升的问题(表3-1)，高职教育生态可持续发展实质包含了五个动态过程。

表 3-1　高职教育生态可持续发展现实困境的诊断分析

对象	症状表现	策略
服务供给	高职院校治理能力待提升，涵养生态活力需加强	承载力
城产教融合	高职教育质量提升和规模扩大的可持续性待突破，科教优势转化为创新优势与发展优势的能力不强，服务地方经济社会的能力与层次还不够，城产教融合的深度与广度需加强	支持力
资源投入保障	教师、教材、教法改革潜力有待进一步挖掘，对教学的推动和促进作用不明显	吸引力
科教协同创新	高职教育与产业结合、高职院校科研能力较薄弱，科创开放协同水平不高	延续力
管理体制与协调机制	办学条件保障力度需进一步加大，社会认可度仍不高，适应经济社会需求能力还不足	发展力

一是高职教育环境质量提升带动，意味着推进区域高职教育成长效益最大化的过程，实现高职教育环境服务的最佳化；二是城产教融合推动，意味着推进区域高职教育竞合关系适宜化、产业与高职教育空间配置最优化的过程，实现高职教育规模效益的共享化；三是高职教育资源配置联动，意味着推进高职教育各类资源的跨区域自由流动的过程，形成优势互补、错位发展、分工合作的发展格局，实现高职教育资源结构的联动化；四是高职教育科创协同互动，意味着高职教育创新开放协同化、区域高职教育开放合作共享化、区域高职教育开发效益最佳化的过程，实现高职教育产出价值的充分化；五是高职教育体制机制驱动，意味着高职教育发展治理协调化的过程，实现高职教育投入活力的最优化。

具体来说，首先，城产教融合推动、引导高职教育环境、高职教育结构、高职教育投入、高职教育产出的有序发展，实现高职教育规模效益持续扩大，而高职教育环境、高职教育结构、高职教育投入、高职教育产出的发展反馈与促进城产教融合推动的进一步发展，推进高职教育资源配置空间均衡、产业环境与高职教育资源比较优势联动、高职教育资源共享性提升、区域高职教育一体化制度协调完善。其次，高职教育环境服务最佳化和高职教育资源结构联动化强调高职教育生态可持续发展的集约与高效，提升高职教育服务供给水平，创建高职教育资源最有效利用、生态环境良性循环、适合技能人才发展的生态环境，加强办学合作条件改善，丰富高职教育文化医疗卫生资源，建立健全一体化技能人才培养服务体系，消除技能人才选择发展的后顾之忧，减少技能人才输出的本地流失。再者，高职教育投入活力最优化和产出价值充分化与高职教育环境、高职教育规模、高职教育结构在师资队伍共建、技能人才培养新模式共创、技能人才流动治理上相辅相成，体现以人为本，实现高职教育生态可持续发展。这五个过程相辅相成，构成了高职教育生态可持续发展的动态过程。

第二节　高职教育生态可持续发展的响应机制

高职教育生态可持续发展涉及高职教育环境质量改善、高职教育规模效益扩大、高职教育资源结构优化、高职教育投入活力提升、高职教育产出价值发挥等多个因素，是一个关于高职教育、产业、城市协同持续发展的极为复杂的问题。运用"驱动力—压力—状态—影响—响应"（DPSIR）模型，可探究高职教育生态可持续发展的响应机制，理顺其要素体系中各种因子的逻辑关系和相互作用。

一、高职教育生态可持续发展的响应机制模型

为综合分析、描述环境，了解其与社会发展的关系，人们创造了一个关于组织环境状态信息的通用框架："驱动力—压力—状态—影响—响应"（DPSIR）。DPSIR 模型不仅显示了社会发展进步、产业经济提升与人类行为方式对生态环境的影响，也显示了人类行为方式及最终导致的环境改变状态对社会—经济—人类复合系统的反馈（赵峰，2018；吴娟和杨杨，2022）。可运用 DPSIR 模型从完整性与联系性的角度动态分析高职教育生态可持续发展，深度建构并描绘高职教育生态可持续发展结构系统的内容与运作方式，表达高职教育生态可持续发展的内生逻辑。

1. DPSIR 模型

DPSIR 模型涵盖了生态环境、经济发展、社会进步三大要素，不仅反映了社会发展进步、产业经济提升与人类行为方式对生态环境的各种影响，也显示了人类行为方式及最终导致的生态环境改变状态对社会—经济—人类复合系统

的各种反馈(MAHSA et al.，2021；吴娟和杨杨，2022)。

(1)DPSIR 模型的溯源。

DPSIR 模型来源可追溯到两大应用模型：一是国际经济合作与发展组织提出的"压力—状态—响应"(pressure—state—response，PSR)框架模型(Bernhard，Harald，2008；Meyar-Naimi，Vaez-Zadeh，2012；Wang et al.，2013)；二是联合国在 PSR 模型基础上衍生而来的"驱动力—状态—响应"(driving force—state—response，DSR)框架(Huang et al.，2009；Wang et al.，2013)。

PSR 框架揭示出了人类活动和环境之间的因果关系。这种关系表现为人类活动给环境造成压力的同时，也会促使自然资源数量与状态发生变化。其中，压力，是反映人类活动对环境产生的冲击；状态，是表征环境质量与自然资源状况；响应，涉及人类社会应对问题所采取的措施。

在 DSR 模型中，驱动力，是描述造成发展不可持续的经济系统、人类活动与消费模式等因素；状态，是表征可持续发展过程中系统所处的形态；响应，是表明为促进可持续发展所采取的应对策略。

基于 DSR 模型的指标体系涵盖社会、经济、环境三个方面的内容，反映了环境、资源、经济间相互依存、相互制约的因果关系，弥补了 PSR 模型缺乏表征社会经济的指标。该模型的缺陷在于环境指标所占比重过大，用以衡量区域可持续发展仍具片面性，且驱动力指标、状态指标及响应指标的界定还不是很明晰、合理。

(2)DPSIR 模型的构建。

1993 年联合国结合 PSR 模型与 DSR 模型的优点，提出了 DPSIR 模型，对环境问题与社会经济发展的关系开展系统分析。该模型是以系统分析的视角看待人与环境系统的交互作用，是一种广泛应用于环境系统分析的评价体系的概念模型。

DPSIR 模型由驱动力、压力、状态、影响和响应五个部分组成(图 3-3)。驱动力，描述的是社会、经济、人口的发展及相应的人类生产与生活方式的改变。驱动力造成人类生产与生活的变化，由此产生对环境的外在压力。一般而言，驱动力因素表征的是社会、经济活动与部门及产业的发展态势。压力，是反映资源使用的相关信息。压力通过改变生产与消费的形式及一些自然形式，进而引发其他环境状态的变化。状态，描述的是特定区域与特定时间内物理、化学、生物现象的水平与质量。状态改变会对经济发展、社会福利、人类健康产生影响。影响，反映的是由上述因素引发的系统状态改变，而呈现出来的是反映资源状态变化对社会经济与生态环境产生的最终效应。响应，表征的是为预防、减轻、改善或适应非预期的状态而采取的应对策略。

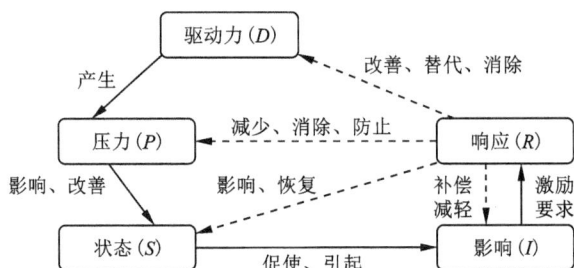

图 3-3　DPSIR 框架模型

（3）DPSIR 模型中的逻辑关系。

在界定了 DPSIR 模型各组分的基础上，很有必要研究模型中各要素间的逻辑关系。如图 3-3 所示，DPSIR 模型表征的是引发环境问题的起源与结果之间的因果关系链。这条因果关系链表明作为潜在驱动力（D），人口、经济、社会的发展与环境发生作用，对环境产生一定程度的压力（P），引起生态环境状态（S）的变化，从而给环境造成一系列的影响（I）。这些影响促使人类对环境状态（S）的变化作出相应的响应（R），而响应（R）措施又直接对驱动力（D）、环境压力（P）、状态（S）与影响（I）这些要素产生作用。

在 DPSIR 模型中，D、P、S 与 I 描述的是系统中各个因子的存在方式与发展状态，R 则是为促使系统保持健康的状态而执行的政策措施。系统本身存在着因果关系——因客观环境发生不健康状况而付出了代价，采取必要措施，调控环境的状态。在 D—P—S 关系链中，驱动力涉及经济发展、人口增长、环境与空间的变化等；压力涉及资源利用状况等；状态包括了环境污染、资源减少等。人口增长驱动了社会、经济发展，也给资源承载造成了负担。环境污染主要来源于工业与生活污染物的排放，且与工业、能源等部门发展息息相关。在 S—I—R 对策分析链中，也存在着明显的因果关系。环境状态的变化对其存在着直接的影响作用。资源及周边环境的改变，会对人类健康产生影响。考虑到这些影响，人类采取调控手段进行响应处理。R—I 的响应调控显示出了直接干预资源利用产生的效应。其中，影响包括环境对生态健康、社会健康与人类健康的效应，响应措施则涉及政策执行、工程实施等。

总体来看，DPSIR 模型既能反映研究系统的自然状态，又将"人的因素"纳入整个体系。它揭示了研究体系各要素间的内在关联，体现了研究体系作为涉及人类活动与自然面貌相互作用的复合生态系统的特点，更反映了社会对资源环境保障"响应"的有效性，为国家与地区制定政策提供依据。

2. DPSIR 模型在高职教育生态可持续发展及质量评价相关领域中的应用

DPSIR 模型在国内的应用研究始于 21 世纪初，广泛应用于研究解决环境治理问题及与社会发展治理相关的难题，也切合高职教育相关研究，具有较强的适用性（赵峰，2018）。在高职教育生态可持续发展及质量评价相关领域的成果正不断增加，研究也日益深入。

武冠蓉（2017）通过研究我国创业教育质量评价体系建设相关学术论文，发现部分研究虽建立了评价指标体系，但未对各指标间的关联性进行全盘考量，致使评价指标体系在应用中的实践操作性不足。针对上述问题，其特选取了在环境系统中广泛应用的评价体系 DPSIR 理论模型，根据该模型中各子体系的逻辑结构，探究了各指标间的互动关系，为建立一套适用于创业教育评价的指标体系与提高其可操作性，提供了理论依据和方法体系。赵峰（2018）基于 DPSIR 模型分析，指出目前高校创新创业教育由于还处于探索时期，在传统教育模式的干扰与思想观念的束缚下，正处于由于师资队伍建设与专业教育有效融合和良好教学氛围营造上的压力，师资存量短缺与结构不合理、专业教育与创新创业教育"两张皮"、创新创业文化挖掘不足的状态，出现了创新创业教育总体质量不高、实用价值偏低、对学生创造力的引导不足等问题；据此应采取加强师资队伍建设、促进与专业教育充分融合、培育文化特色引领的良好氛围等相应措施。许浙川和柳海民（2020）运用 DPSIR 模型，基于完整性与联系性的视角，动态分析了学前教育资源承载力的驱动—承压—调控系统，认为促进学前教育资源承载力提升，推动区域学前教育迈向"幼有所育"的良性发展道路，可在三个维度集中发力：在理念层面，树立可持续发展观；在制度层面，实施革新供给与管理制度；在工具层面，推进科学、有效、规范地运用大数据资源。蔡迎旗和王嘉逸（2022）借鉴 OECD 所提供的 DPSIR 模型，结合文本分析、理论建构、专家咨询，构建了包含潜在驱动力、发展压力、控制状态、影响、响应五类因子，共 25 个指标的区域学前教育环境承载力评价指标体系；在此基础上，进一步采用主成分分析法与熵权法相结合的测度方法，综合计算了山西省晋中市各区县学前教育环境承载力的基本水平。宋杰（2023）运用"驱动力—压力—状态—影响—响应"（DPSIR）模型，对高职教育生态可持续性运行机制进行探究，解析了运行机制的关键要素。蔡文伯和贺薇（2023）采用 DPSIR–TOPSIS 模型和 Tobit 模型，对我国高技能人才与产业结构的耦合协调度进行了综合分析，探究了影响因素，并采用灰色预测模型预测了 2021—2025 年的耦合协调度发展态势。研究结果显示，我国高技能人才与产业结构的耦合协调度有小幅提升，但整体上仍旧偏低，表现为濒临失调的发展状态；在高技能人才与产业结构耦合协调度的影响因素中，高技能人才占就业人口比重、高技能人才数量、经济发展水平、人力资本水平、技术创新水平等对耦合协调度具有显著的正向影响，产业结构高级化、政府干预程度对耦合协调度具有显著的负向影响，对外开放水平对耦合协调度的影响为正但不显著；在 2021—2025 年，高技能人才与产业结构的耦合协调度出现小幅上升的态势，各地区基本延续了 2011—2020 年的变化趋势，区域差异一直存在，但处在不断缩小的发展状态中。

二、高职教育生态可持续发展的响应机制分析

高职教育生态可持续发展运行机制的形成源于在高职教育生态可持续发展过程中对高职教育环境质量改善、高职教育规模效益扩大、高职教育资源结构优化、高职教育投入活力提升、高职教育产出价值发挥的追求。图 3-4 中的 DPSIR 模型描述了高职教育环境质量、高职教育规模效益、高职教育资源结构、高职教育投入活力、高职教育产出价值不均衡发展问题的起源与结果之间的因果链。这条因果链表明：人口集聚、经济集聚、空间集聚、技术集聚作为长期驱动力（D）作用于高职教育生态可持续发展环境，对高职教育规模和质量产生了压力（P），造成产教结构与科教协同状态（S）的变化，从而对环境质量支持和服务供给保障造成各种影响（I），这些影响促使高职教育生态可持续发展对产教结构与科教协同状态（S）的变化作出响应（R），响应措施又作用于高职教育、产业与城市所构成的复合生态系统或直接作用于压力（P）、状态（S）和影响（I），产生反馈性的效果与作用。

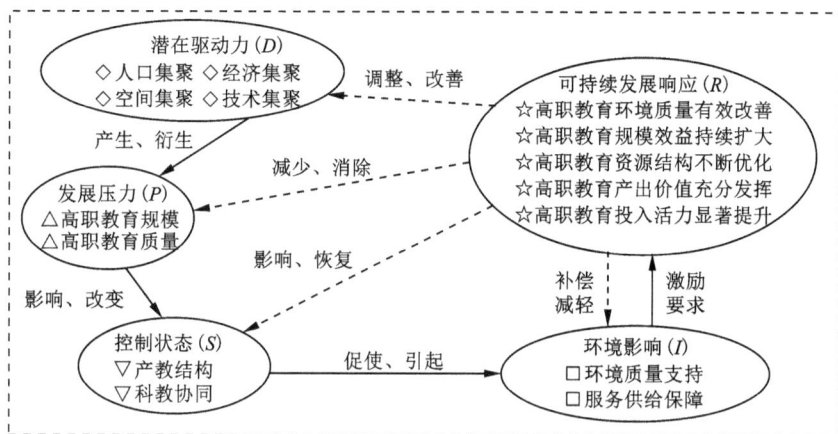

图 3-4　高职教育生态可持续发展的响应机制

1. 潜在驱动力

潜在驱动力(D)是引起各要素动态变化的潜在原因，涉及高职教育生态可持续发展过程中人口集聚、经济集聚、空间集聚、技术集聚对高职教育生态可持续发展产生的集聚、互补、拥挤与虹吸等驱动效应。驱动力对高职教育生态可持续性存在正、负两面的影响，当各因子协同发展时，产生高职教育适应产业空间格局发展、产业环境与高职教育资源优势促发、高职教育社会文化适宜性有效提升、高职教育政策与制度协调完善等正面效应，积极促进高职教育生态可持续发展；反之，引发负面影响，造成与高职教育生态可持续发展方向相背离的不利情况。

2. 发展压力

发展压力(P)是造成要素变化的直接压力因子，是高职教育生态可持续发展过程中上述这些潜在驱动力(D)对高职教育环境质量、高职教育规模效益、高职教育资源结构、高职教育投入活力、高职教育产出价值等要素的影响，表现在高职教育规模与质量的改变程度上。高职教育规模与质量水平体现在技能人才的综合质量改善与培养层次提升上，在于其与区域经济高质量发展要求的多层次匹配，表现在技能人才综合素质提升、专业水平发挥、实践应用综合能力增强等方面。

3. 控制状态

控制状态(S)是指高职教育环境质量、高职教育规模效益、高职教育资源结构、高职教育投入活力、高职教育产出价值等要素在上述压力(P)下所处的状况，主要表现为产教结构与科教协同的变动，关联三个方面：一是行业企业参与职业技能人才培养的积极主动性，体现职业技能人才成长培育的目标针对性与发展适应度；二是校企合作与产教融合，体现高职教育在学科专业设置与产业发展需求上有效衔接的匹配关联度；三是集聚科创资源促进高职教育培养技能人才的各方面水平综合提升，体现科创与高职教育、产业的协同结合度。

4. 环境影响

环境影响(I)是指高职教育生态系统所处的状态(S)对高职教育环境质量支持与服务供给保障的影响。高职教育环境质量支持与服务供给保障在于高职院校办学条件的充分改善，建立健全适应技能人才发展需求的综合服务保障体系，尽可能形成促进技能人才健康成长的发展生态。

5. 可持续发展响应

为实现高职教育环境、高职教育规模、高职教育结构、高职教育投入、高职教育产出之间协同发展，产生了可持续发展响应(R)，如城产教融合推动、高职教育环境支持带动、高职教育资源配置联动、高职教育科创协同互动与高职教育体制机制驱动，涵盖了高职教育环境质量有效改善、高职教育规模效益持续扩大、高职教育资源结构不断优化、高职教育投入活力显著提升、高职教育产出价值充分发挥等方面。一方面，城产教融合推动引导高职教育环境、高职教育结构、高职教育投入、高职教育产出的共生发展，实现高职教育规模效益持续扩大，而高职教育环境、高职教育结构、高职教育投入、高职教育产出的发展反馈促进城产教融合推动的进一步提升；另一方面，高职教育环境支持带动和高职教育资源配置联动强调高职教育可持续发展的集约性与高效性，通过创建适合职业技能人才成长与发展的高职院校生态环境，全方位保障技能人才学习、生活与工作；此外，高职教育科创协同互动、高职教育体制机制驱动与高职教育环境、高职教育规模、高职教育结构在师资队伍提质培优建设、职业技能人才培养、职业技能人才流动治理上相辅相成，实现高职教育生态可持续发展。

　　高职教育生态可持续发展响应措施的最终归宿，在于高职教育环境质量、高职教育规模效益、高职教育资源结构、高职教育投入活力、高职教育产出价值的融合发展，从而有效推进高职教育服务环境支持最佳化、高职教育规模集聚活力和产教结构最优化、高职教育投入与高职教育产出价值充分化。

第四章

高职教育生态可持续发展的
圈层体系理论构建

第一节　高职教育生态可持续发展的内圈层体系(要素保障)构建

"承载力—支持力—吸引力—延续力—发展力"(CSAED)模型应用于高职教育生态可持续发展研究,可从高职教育环境质量有效改善、高职教育规模效益持续扩大、高职教育资源结构不断优化、高职教育产出价值充分发挥、高职教育投入活力显著提升等层面针对所研究的高职教育生态可持续发展内圈层的发展状况开展评价,并将高职教育生态可持续发展内圈层的功能健康与否作为评价的关键,找出制约其有效运转的障碍因子。

一、生态系统健康评价理论与高职教育生态可持续发展

1. 生态系统健康评价理论 CSAED 模型

CSAED 模型在生态系统健康评价中应用广泛。郁亚娟等(2008)在系统解析国内外"城市病"现象与病因的基础上,归纳出了城市复合生态系统健康的五大功能表现,即承载力(carrying capacity, CC)、支持力(supporting capability, SC)、吸引力(attractive capability, AC)、延续力(evolutional capability, EC)与发展力(developing capability, DC),概括为 CSAED 模型;并基于 CSAED 模型,剖

析了与此相对应的影响复合生态系统健康的发展瓶颈因子，将系统各项"病症"表现和与之相关的功能联系，形成了生态系统健康综合评价体系。

在 CSAED 模型中，5 个子系统既相互关联，又各具特点，体现了复合生态系统既有其生态系统的一般性特征，又具备社会经济特性，如图 4-1 所示。依据 CSAED 模型，复合生态系统是由承载力、支持力、吸引力、延续力与发展力等 5 个子系统构成的开放、复杂生态系统(郁亚娟等，2008)。这 5 个子系统在复合生态系统中，处于不同层次，对系统的功能作用互不相同，主要体现在以下 3 个层次上。

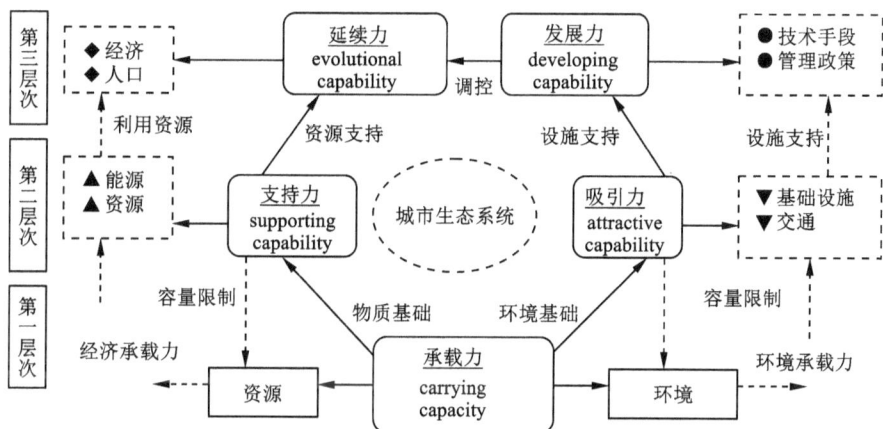

图 4-1　CSAED 模型中 5 个子系统之间的关系

(1)承载力是基础，处于复合生态系统第一层次。它涵盖生态与环境两个层面，不但为复合生态系统提供环境基础与物质基础，还为其提供还原功能(郁亚娟等，2008)。

(2)支持力与吸引力是复合生态系统第二层次。前者表示复合生态系统对资源与能源等的需求及人们对这些资源与能源的利用，从而对复合生态系统发展产生支持力；后者代表人类进行系统开发与建设后，促使系统产生更多有利于生产与生活的功能。两者体现了利用资源与建设系统的能力，是复合生态系统有别于自然生态系统的重要表现。

(3)第三层次反映了人在系统中的主导地位。首先，高度发展的经济、向城市集中的人口，是复合生态系统活力的具体表现，也是支持其延续发展的基础，所以称之为延续力。而在进行系统管理时采取的技术手段与治理政策，尤其是对人口、社会与经济的体制机制调控，是生态系统可持续发展的根本，所以称之为发展力。

综上所述，CSAED 展现了复合生态系统从①生态环境基质→②资源开发利用→③社会经济调控的 3 个层次的系统特征。CSAED 模型可通过表征复合生态系统功能特性对其健康状况开展综合评价，为决策提供更准确的发展定位。

2. CSAED 模型在高职教育生态可持续发展相关领域中的应用

CSAED 模型在高职教育生态可持续发展相关研究领域的成果虽不多见，但已有部分专家的研究已触及。在城市生态评价方面，蒋涤非和宋杰（2012）针对城市生态可持续性的基本内涵，根据 CSAED 模型框架，构建城市生态可持续性支持系统评价指标体系，并以泛长株潭城市群为例，分析了该区域各市在生态环境有效改善、资源能源集约利用、社会民生和谐进步、经济高效公平增长、人口质量综合提升、政策和制度调整与完善等方面的基本情况与提升方向。蒋涤非和宋杰（2012）还采用 CSAED 模型框架构建了涵盖资源与环境包容性改善、经济包容性增长、社会民生包容性发展、人口质量包容性提升、政策与制度包容性调整 5 个方面的健康城市化支持系统，结合健康城市化支持系统各子系统的功能表现，确定了我国不同区域健康城市化的发展重点与提升战略。刘蓉和宋杰（2014）以包容性增长理论为出发点，根据"承载力—支持力—吸引力—延续力—发展力"（CSAED）模型框架，构建了新型城市化支持系统的评价指标体系，以泛长株潭地区为例，对其新型城市化进行了测评，分析了基本情况，并明确了未来的提升方向，以期对我国其他地区走新型城市化道路提供借鉴。邱慧和沈守云（2021）从生态、经济、社会三个维度，构建 LID 绿地可持续发展响应模型（CSAED 模型），将绿地的雨洪管理体系融入多维度弹性可持续发展研究框架，建立"承载响应—支持响应—吸引响应—延续响应—发展响应"五个子系统，从水生态环境改善、雨洪资源利用、社会与政策调控三个层次提出 LID 绿地雨洪管理可持续发展的响应路径和研究框架。

在职业教育方面，刘蓉和宋杰（2023）根据"承载力—支持力—吸引力—延续力—发展力"模型，从共生发展的职业教育环境支持体系、开放共建的产教融合发展体系、共引共育的职业教育资源联动体系、共治共享的职业教育科创互动体系、共服共管的职业教育政策制度体系等层面构建支持系统评价体系，可为系统研究职业教育一体化提供理论依据与方法体系。宋杰（2023）基于"承载力—支持力—吸引力—延续力—发展力"模型，建立高职教育生态可持续性支持系统，对支持系统评价体系进行了设计，可为其综合评价提供理论支撑和方法体系。宋杰（2023）将职业教育一体化支持系统的功能归纳为"承载力—支持力—吸引力—发展力"模型，以共生发展的职业教育环境质量提升体系、统筹协调的城产教融合发展体系、共享发展的职业教育资源联动体系和运行有效的职业教育政策制度体系为其支持系统，构建职业教育一体化外圈层体系。宋杰（2023）基于 CSAED 模型，以共生发展的技能人才供给驱动体系、统筹协调的区域经济增长带动体系、共享发展的城乡统筹联动体系、开放包容的职业教育衔接贯通互动体系和运行有效的专业与产业适应性提升推动体系为职业教育赋能区域经济高质量发展提供支持。宋杰（2023）依托 CSAED 模型，以高职教育经济环境承载力增强体系、文化环境承载力提升体系、科技环境承载力促发体系、政治环境承载力稳定体系为高职教育体系生态承载力的外部约束系统。

二、高职教育生态可持续发展内圈层体系的构成

由于城产教融合联动、高职教育服务供给与资源投入保障、高职教育科创协同开放合作质量、高职教育管理体制与协调机制创新等方面有待提升（张雨和曹必文，2018；游艺等，2019；庞晓琛和郭红，2020；董彦宗，2021），高职教育生态系统潜伏着不可持续性，因而维持高职教育生态可持续发展建设需要一个多维要素保障体系。高职教育生态可持续发展要素保障体系的构建，不仅要考虑到高职院校校园生态有效提质的基础作用，也要同时考虑到高职院校校园生态有效提质、高职教育经济生态发展持续提升、高职教育社会文化生态日趋完善、高职教育科创生态结构不断优化与高职教育政策生态充分保障"五位一体"的协调作用。

基于高职教育生态可持续发展的内涵特征、响应机制和制约高职教育与城市、区域协同发展的问题，参考城市生态系统健康评价的体系，可将要素保障体系的功能归纳为"承载力—支持力—吸引力—延续力—发展力"（CSAED）模型（郁亚娟等，2008），包括以下五个子系统（图 4-2）。

承载力——高职教育环境质量有效改善，推进高职院校校园生态有效提质，构建共生发展的高职教育环境支持体系。

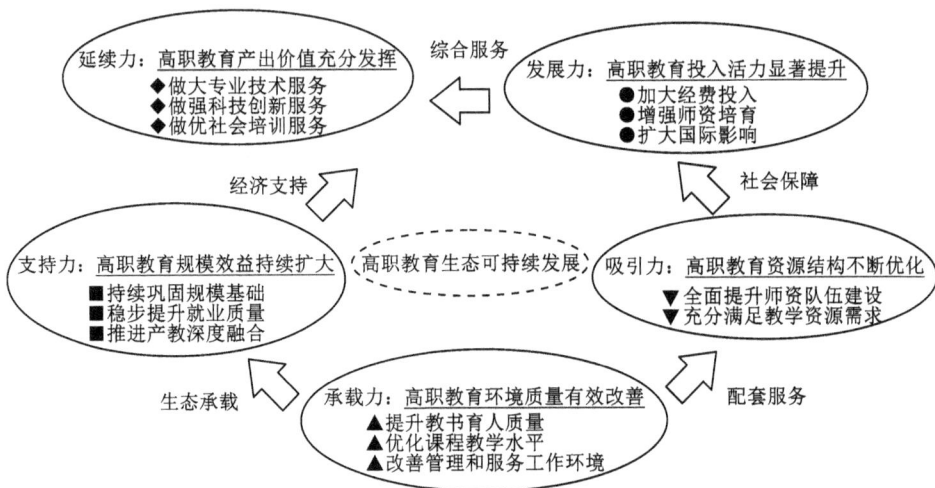

图 4-2　高职教育生态可持续发展 CSAED 内圈层体系功能特征

支持力——高职教育规模效益持续扩大，推进高职教育经济生态发展持续提升，打造统筹协调的城产教融合体系。

吸引力——高职教育资源结构不断优化，推进高职教育社会文化生态日趋完善，形成共享发展的高职教育资源联动体系。

延续力——高职教育产出价值充分发挥，推进高职教育科创生态结构不断优化，健全开放包容的高职教育科创互动体系。

发展力——高职教育投入活力显著提升，推进高职教育政策生态充分保障，完善运行有效的高职教育政策制度体系。

1. 内圈层体系的功能分析

依据 CSAED 模型，高职教育生态可持续发展要素保障体系是由承载力、支持力、吸引力、延续力和发展力等互相关联又具有各自特点的五个子系统组成的。CSAED 模型体现了高职教育生态可持续发展要素保障体系从①生态环境基质→②经济社会支撑→③科创与政策服务的三个层次功能特征。首先，承载力处在高职教育生态可持续性支持系统的第一层次，包括教书育人质量、课程教学水平和管理和服务工作环境三方面改善，为高职教育生态可持续发展要素保障体系提供物质基础与资源基础，是其存在的基本介质。其次，高职教育生态可持续发展要素保障体系的第二层次是支持力和吸引力。前者表示在维持高职教育生态可持续发展过程中通过城产教均衡发展对高职教育生态可持续发展要素保障体系的健康发展产生支持力；后者代表在维持高职教育生态可持续发展过程中通过师资队伍建设全面提升、教学需求未来发展充分满足等产生更多有利于高职教育驱动区域经济高质量发展的功能。再次，第三层次是延续力和发展力。科创与高职教育、产业协同的全面提升是激发高职教育生态系统功能与内生活力的体现。提升高职教育科创开放合作质量，意味着在高职教育生态可持续发展过程中通过做大专业技术服务、做强科技创新服务与做优社会培训服务，对高职教育生态可持续发展要素保障体系的延续发展产生强大支撑，是支持高职教育生态可持续发展的基础，称为延续力。在维持高职教育生态可持续发展过程中所采用的技术性手段措施与行政管理政策，包括加大经费投入力度、提升师资培育深度和广度、提升国际影响程度，体现了对高职教育生态可持续发展要素保障体系重要方面和关键领域的调控作用，是高职教育生态可持续发展的根本所在，称为发展力。

2. 内圈层体系的评价体系

以 CSAED 为模型，对高职教育生态可持续发展要素保障体系评价体系进行系统、深入的调查与研究，结合高职教育生态可持续发展评价的相关研究成果及有关专家建议，根据高职教育生态可持续发展要素保障体系功能特征，将要素保障体系划分为承载力、支持力、吸引力、延续力和发展力等五个层次，得到以共生发展的高职教育环境支持体系、统筹协调的城产教融合体系、共享发展的高职教育资源联动体系、开放包容的高职教育科创互动体系、运行有效的高职教育政策制度体系等五要素为基础的要素保障评价体系。

在承载力体系中，共生发展的高职教育环境支持体系的功能表现为高职教育环境质量有效改善，以提升教书育人整体质量、优化课程教学综合水平和改善管理与服务工作环境为其评价内容（图4-2），体现在高职教育显性环境（配套基础设施建设、教学场所治理、实训基地运维等）建设治理能力提升和隐性环境（政策支持环境、社会普及推广、文化感染认同等）保障机制完善上，聚焦显性环境建设质量，统筹处理好显性环境与隐性环境中各类资源要素的关系，构建维持高职教育生态可持续发展的保障条件，形成环境承载支持与生态治理改善的办学质量与技能人才培养质量提升机制，创建适合培养和发展技能人才的高职院校校园环境。

在支持力体系中，统筹协调的城产教融合体系的功能表现为高职教育规模效益持续扩大，以持续巩固高职教育规模基础、稳步提升学生就业创业创新的整体质量与推进校企合作产教深度融合为其评价内容(图4-2)，体现在高职教育质量的有效提升、集聚规模的可持续性、城产教的深度融合等三个层面：一是高职教育规模集聚转向高质量、内涵式发展，实现技能人才资源在区域间更有效率、更高质量的优化配置；二是提升培育技能人才服务城市经济提升与产业结构升级优化的综合质量，为区域经济高质量发展储备优质的技能人才资源；三是提升产学研用一体化的深度与广度，实现职业院校、行业发展、城市经济间"同频共振"。

在吸引力体系中，共享发展的高职教育资源联动体系的功能表现为高职教育资源结构不断优化，以全面提升师资队伍建设与充分满足教学资源需求为其评价内容(图4-2)，体现在高职教育资源整合提升，增强高职教育培养的职业技能人才对城市形态和产业结构变化的适配性，提升高职教育驱动区域经济社会发展的服务能力和影响层次，为高职教育生态可持续发展提供坚实的功能支持。

在延续力体系中，开放包容的高职教育科创互动体系的功能表现为高职教育产出价值充分发挥，关键在于科创与高职教育、产业的包容协作，以做大专业技术服务、做强科技创新服务和做优社会培训服务为其评价内容(图4-2)，体现在两个层面：一是强化专业技术服务与促进社会培训服务，提升高职教育服务区域经济高质量发展的科学研究运用能力与技术转化提升能力；二是增强科创协同水平，促进产学研用协同创新，提升开放共享水平，在补齐科创协同创新开放短板弱项中增强高职教育的支撑作用。

在发展力体系中，运行有效的高职教育政策制度体系的功能表现高职教育投入活力显著提升，在于高职教育投入的统筹协调，以加大经费投入、增强师资培育、扩大国际影响为其评价内容(图4-2)，体现在提升高职院校治理水平、强化办学条件改善与推进服务制度优化的支撑作用，实现政策层面上推动高职教育与投入保障相融合、与师资能力培育提升相匹配、与国际化发展相协调，充分激发技能人才队伍创新创业活力，推动高职教育生态可持续发展迈向更健康的水平。

第二节　高职教育生态可持续发展的中圈层体系(运行条件)构建

共生理论所倡导的共生单元间互利共生与高职教育生态可持续发展的问题实质不谋而合,在理论分析逻辑上能较好地解释这一问题。高职教育生态可持续发展的运行调控离不开技能人才共生环境改善、共生关系整合、共生界面顺畅、共生单元协作间的包容互动。因此,高职教育生态可持续发展中圈层体系可由高职教育环境建设、高职教育资源整合、高职教育界面传递与高职教育单元协作等运行条件构成。

一、共生理论与高职教育生态可持续发展

1. 共生理论的基本阐释

共生,是指在某种特定的联结下,不同种属生成协同演化的共同生存关系,实现系统的可持续发展。共生蕴含了生态系统生成及演变的运行规律(卜玉华,2015)。就一个共生系统而言,基于不同单元相互识别、彼此认知与互动融通的渐进过程,那些具备差异组合性、复杂多样性的共生单元,彼此间逐渐形成相对稳定的逻辑关联,从而推进整个生态系统实现共生演化。在共生系统下,各类单元主体能实现自我调整、自我控制与自我转换,保持着与外部环境间的良性循环,始终呈现动态平衡的发展态势。当单元主体中有一方进行创新行动,不断发展进步时,会促使整个生态系统中各单元主体共同进步,使整个生态系统保持不断进步的状态,但当整个生态系统在发展中遭遇不可预计的风险与出现相应的损失时,也可致使每个单元主体损失程度降至最低水平。由部分学者研究得出的结论可知,共生已成为生态可持续发展的运行条件、推进生态可持续发展的基本模式,共生理论也为人类社会的动态发展与组织演变的进化创新开拓了分析路径。共生理论显然已从生物学的概念范畴延伸至社会学、经济学、管理学、人才学等人文社会科学领域,形成范畴更为广义、应用更为成熟的概念,上升为一种社会科学的认识论与方法论。丁永久(2020)基于共生理论视角,分析了职业教育人才培养立交桥建设存在的一系列问题,包括共生环境欠佳、共生模式运行低效、共生度层次不高、共生界面传递单一等,由此

提出：构建正向激励与有效支持的政策与制度体系，充分改善共生环境；推动生态系统进化到一体化发展、对称性互惠的共生状态，着力优化共生模式；打造职业教育技能人才培养立交桥共生系统，贯彻落实应用型技能人才培养层次定位，有效提高共生度层级水平；充分发挥市场机制与技术规范作用，不断完善共生界面。曾建丽等（2020）探讨了在 Allee 效应影响下科技人才集聚与区域创新环境共生演化的问题，构建科技人才集聚与区域创新环境互惠的共生演化模型，分析了共生演化模型的稳定条件与动态平衡点。王永莲等（2021）依托共生理论，构建了"智志双扶、双向受益"的精准扶贫人才培养模式的基础理论框架体系，并以四川交通职业技术学院的精准扶贫实践为例，探讨在双向并进的指引下职业院校有效提升本地技能人才职业韧性的发展路径。姚敏（2022）指出高职学前教育技能人才培养应透过共生理论视域，探讨政府部门、高职院校、幼儿园、本科院校协同育人的技能人才培养共生系统，构建"协同育人"的教学机制，形成"双元融合"的教学主体，融入"提质培优"的教学理念，改革"整合重构"的教学内容，打造"多维空间"的教学场域，实施"四阶递进"的教学实践。何江和朱黎黎（2023）基于共生理论，创新性地提出人—机—组织共生系统理论，用以适配企业数智化转型发展，从基本内涵、内容范畴、发展逻辑、运行机理与研究议程等方面系统性探讨其理论框架体系。综上，根据上述相关研究，本书认为共生理论应包含以下五项核心要义：

第一，共生系统是相互联系的社会多元主体结成的体系，具备自组织性，存在共同生存、发生协同演变的逻辑关系，在其性质、形态与发展方向上受到共生环境、共生关系、共生单元、共生界面等关键要素的约束与影响。

第二，基于相互识别、彼此认知与互动融通的渐进过程，那些具备动态多样性、组合差异性、复杂系统性的共生单元在彼此间会形成趋于稳定的逻辑关联，从而促进系统实现共生进化。

第三，共生环境的变化状态、指标参数的关系及其调节是共生系统演变的基本动因，也决定了共生关系的发展情况，即各共生单元间关系形成与结合方式的差异，而较理想的共生模式是多元主体间共生互惠，表现为共生单元互动协同、互惠互利的状态。

第四，共生环境会表现出正向型激励、中性型、负向型抑制等三种影响，前者会对培育共生关系产生促进效应，后者对培育共生关系及其活动有明显的阻碍甚至抑制的影响，这些影响均伴随共生环境的改变而发生动态性的变化。

第五，在共生系统中，共生界面是体系中能量传导、物质交换的载体通道，是共生关系形成、发展、稳固的基础，不仅对共生关系承担统筹协调、中介缓冲与调节控制的作用，也决定了共生系统能量传导、物质交换的效率水平及共生机制作用程度，可基于共生环境的实际要求，促进共生系统内外资源配置效能的整体性提升。

当前，高职教育生态可持续发展呈现出开放性状态、网络化特质，其治理模式创新是各参与主体单元、社会制度、发展环境等要素共同作用的结果，也呈现出包容性发展的方向，且与其共生互惠的内生性进化方向保持一致性，与共生理论所探讨问题相吻合。在经济高质量发展背景下，推动高职教育生态可持续发展治理模式创新是要寻求一种全新的组织模式与行为方式，是治理主体、治理环境、治理界面相互作用的应然结果，其最终发展方向是共生互惠，是通过社会资本机制、战略协同机制等形成集聚效应、正外部性、良性循环的生态格局。正是由于共生尊重竞争，在系统的复杂多样性、动态变化性、发展异质性中不断探寻包容协同的规律，较好地反映了系统演变、组织发展与社会进步的逻辑规律、价值引导、基本态势，为高职教育生态可持续发展模式的改革创新提供值得深入开展的研究范式。

2. 共生理论与高职教育生态可持续发展的吻合性

一是共生理论已然从生态学延伸运用到经济学、教育学等多个学科领域，用于表达不同体系互利共生的演变过程与作用机理（南旭光，2016；尤莉，2021；江雪儿和陶红，2022）。高职教育生态可持续发展是区域经济高质量发展的必然趋势，高职教育生态可持续发展目标的实现有赖于高职教育资源的实力与互补程度，其现实难点在于统筹不同单元主体的需求，强调各单元主体主动互动并分享所具备的高职教育资源，实现合作共生、互惠互利的共赢目标。

二是高职教育生态可持续发展体系是由高职院校、政府部门、行业企业等多个单元主体构成的跨界别复合系统。从表层情况看，高职教育生态可持续发展所涉及的资源整合问题是因为各共生单元主体资源共享意识较缺乏、协作程度不够深而产生的；从根本症结看，是由各共生单元主体利益矛盾较为突出、共生互利观念未形成、共生界面资源传递存在阻碍等造成的。共生理论重点强调，各共生单元主体在共生关系发展演变进程中，从单利共生的基本起步阶段到差异化共生的成长阶段，继而迈向互利均衡发展稳定阶段的动态过程，其共生阶段的演化行为紧密贴合高职教育生态可持续发展的应然动态发展,表明了高职教育生态可持续发展体系中各单元主体的共生发展过程。

无论是从共生理论对高职教育生态可持续发展的理论指导上看,还是从共生理论所强调的动态性与高职教育生态可持续发展的理想运行状态的吻合度上看,共生理论都适用于高职教育生态可持续发展运行条件的分析框架构建。

二、共生理论视角下的高职教育生态可持续发展运行条件

共生本为生态学的研究范畴,是指不同生物群体间的紧密联系并共同生存、包容互利,强调的核心为多主体单元所构建的共生协同关系。本书认为,高职教育生态可持续发展的运行条件包括共生环境、共生关系、共生界面、共生单元。

1.共生环境

按照不同的划分标准,可将共生环境划分为不同类型。根据影响方式,可划分为直接共生环境、间接共生环境;按照作用程度,可划分为主要类型共生环境、次要类型共生环境等。基于对资源类型的分类方式,政府部门、市场主体、社会组织机构的共生环境,主要包括基础设施设备、技能人才培养场所、技能人才培训基地等有形共生环境,以及制度与政策环境、校园文化氛围、社会认可等无形共生环境。共生环境的整体性优化提升,有助于吸引优质的共生单元参与到高职教育生态可持续发展中,对共生的发展阶段发挥较大的推动作用。

2.共生关系

共生关系,可划分为寄生、偏利共生、对称性互惠共生、非对称性互惠共生四种类型。以政府部门、市场主体、社会组织机构为例,在不同的共生阶段会产生不同的共生关系,但每种共生关系会促进资源整合,产生高职教育生态可持续发展的合力。

3.共生界面

生态学研究者通常认为,共生界面是各共生单元间互动作用、产生链接的运行媒介与传递通道,是指各共生单元互动作用的运行机制与作用方式的总和

（董彬，2017）。对高职教育生态可持续发展路径的规划调整，意味着打破其已有高职教育资源的集合状态，并促使发生调整、重组，必然需要在共生单元间建立更为有效的资源传递机制，形成高职教育资源整合的重要基础。

4. 共生单元

共生单元是实现共生关系资源交换与整合配置的组织单元。伴随着共生关系的深入发展，共生单元具备的异质性特征逐步呈现。迁移至高职教育生态可持续发展的研究中，其主要指向参与高职教育生态可持续发展的共生主体单元，包括政府部门、高职院校、行业企业与社会组织机构等。

政府部门主要负责高职教育工作的方向性指引，通过制定高职教育的总体管理法规，出台相关政策与实施意见，提供专项财政资金，保障高职教育整体质量提升。其中，高职教育管理部门负责高职教育方针的具体实施，通过制定高职院校建设的基础设施标准、高职教育教师准入的基本条件、技能人才培养的专业体系建设与课程设置标准等，监督与保障高职教育教学可持续发展质量。

高职学生就业的行业企业单位，积极参与高职教育教学的过程，为高职院校提供了学生参与生产活动的实习实践基地，及时向高职院校反馈市场发展对技能人才的动态需求变化，提升与保障高职教育技能人才输出的质量水平。职业教育学会等相关社会组织机构集聚行业资源和专家资源，积极推进高职教育可持续发展活动，为高职教育质量保障提供有益的智力支持和相应的资源保障。

高职院校需针对技能人才市场的实际需求，制定适宜的技能人才培养方案，在高职教育各环节注重保障教学目标任务与技能人才培养、产业发展现实情况相衔接。高职院校要进一步优化教育教学结构，尽可能平衡专业技术的理论知识与实习实践存在的短期应用与长期发展之间的矛盾；理论知识层面的教学质量可通过量化考评进行分析，实践技能教学质量的评估仅依靠考试难免片面，还需依靠定岗企业与高职院校共同参与实践教学质量评估及反馈调控。高职院校作为高职教育生态可持续发展质量评价体系的主体，应建立完善的内部质量保障体系，包括反馈系统、评价系统、督导系统和决策系统等。为确保理论教学教育与生产实践教育实现无缝对接，高职院校专任教师与企业兼职导师应协同合作、包容联动，实现全员、全过程的高职教学质量保障。

各共生主体单元在高职教育生态可持续发展体系中的运行逻辑具体如下：政府部门引导开展高职教育顶层谋划，高职院校具体实施技能人才培养，行业市场提供技能人才成长与发展的项目支持，形成多层次高职教育质量保障体系，依托技能人才大数据信息化平台协同推进技能人才培养的可持续、高质量发展。通过完善与培育市场竞争合作机制，鼓励企业积极参与到技能人才的顶岗实习、实训的教学教育环节中，并对高职应届生给予充足的政策支持，鼓励青年技能人才创新创业与充分就业。同时，政府部门对高职教育相关社会组织机构提供项目研究经费资助，分析高职教育生态可持续发展质量存在的问题和提出解决方案与对策建议，为其提供良好的外部质量保障。一方面，在优化外部环境的同时，通过政策有效引导，高职院校不断强化高职教育的内部质量保障体系，依托大数据信息服务平台与企业的综合反馈情况，高职院校完善技能人才培养方案、补齐师资缺口短板、增加基础设施经费投入。另一方面，通过建立内部监督反馈机制，完善内部教育质量保障体系。

三、高职教育生态可持续发展中圈层体系的构成

基于共生理论，回归到高职教育生态可持续发展的要素组成，高职教育生态可持续发展涉及环境、资源、界面、单元等共生四要素条件，高职教育环境建设是其保障性运行条件，高职教育资源整合是其基础性运行条件，高职教育界面传递是其载体性运行条件，高职教育单元协作是其支点性运行条件。

1. 高职教育环境建设

高职教育环境建设既包括配套基础设施建设、教学场所治理、实训基地运维等显性环境建设，又包含政策支持环境、社会普及推广、文化感染认同等隐性环境建设。高职教育环境建设是高职教育生态可持续发展的保障性运行条件，在于重点关注显性环境建设，统筹显性环境与隐性环境中的资源要素，构建高职教育生态可持续发展的保障基础，实现显性环境和隐性环境的正向互动，打破区域间体制机制障碍，形成分工协作、共谋发展的高职教育环境支持体系。

2. 高职教育资源整合

高职教育资源整合，在于不仅注重高职教育的竞争与合作，更突出高职教

育各方资源的接纳与包容，充分发挥不同地区高职教育的比较优势。高职教育资源整合是高职教育生态可持续发展的基础性运行条件，在于将高职教育作为一个整体，在高职教育生态可持续发展过程中推进各类资源要素整合，引导各单元主体力量发挥各自的资源优势，在形成区域高职教育开发共同体的基础上，促进区域学科、专业、技能各具优势的城市、行业产业、高职院校、技能人才间的融合发展。

3. 高职教育界面传递

高职教育界面传递，在于构建庞大的高职教育集群界面，通过协同发展战略性规划来促进高职教育体系内部各主体单元分工协作、融合发展。高职教育界面传递是高职教育生态可持续发展的载体性运行条件，意味着打破其已有的高职教育资源集合状态并调整、重组，通过建立区域高职教育联盟、区域校企合作平台、校校间职教师资合作队伍等，在高职教育协作单元主体间形成有效的资源传递机制，达到深度融合，形成区域竞合的优势。

4. 高职教育单元协作

（1）政府部门维度：高职教育生态可持续发展的社会价值。

推进高职教育生态可持续发展，政府部门是参与其中的重要主体单元。构建高职教育生态可持续发展质量评价体系，政府部门发挥着两个层面的作用：一是对高职教育进行宏观管理与业务指导，为其生态可持续发展承担有效政策供给与实施高效资源配置的应然职能；二是承担公共服务与监督管理的实然职能，助力高职院校、行业企业进行治理能力制度体系建设，促使内外发展环境优化，推进产教融合、科教融汇的规范化发展。政府部门作为公共事务的权威管理主体，在高职教育生态可持续发展质量评价体系构建过程中，主要关注的是高职教育的社会价值，这种社会价值主要表现在三个方面。

一是推进高职教育生态可持续发展的社会服务价值。在宏观层面，高职教育经济生态发展提升是推进高职教育生态可持续发展的核心内容，必然要求高职教育与产业实现深度融合。高职教育要基于产业需求进行调整完善，产业要承担促进高职教育发展的应然职能，这是推进高职教育经济生态发展提升的基本要求。不论是高职教育自身发展，还是行业企业发挥协同育人作用，都要求双方为社会经济发展提供相应的职业技能提升培训服务，由此产生了推进高职教育生态可持续发展的社会服务价值。高职院校与行业企业共建、共享高职教育与职业培训的各类资源，贴近社会、满足社区的实际需求，联合开展职业技能提升培训活动，能有效提升劳动力的技术技能水平与核心职业素养，这正是政府部门与人民群众对推进高职教育生态可持续发展的真切期待。

二是推进高职教育生态可持续发展的产业支撑价值。加快构建推进高职教育生态可持续发展质量评价体系，重要目的在于促进高职教育培育的技术资源与技能人才资源更好地服务地方经济社会发展与产业转型升级，这也是推进高职教育生态可持续发展过程中政府部门的关注之处。通过构建完善的质量评价体系，科学、规范、有效评价高职教育生态可持续发展的产出成果，由此合理、有效地引导高职院校办学适应性的发展方向，充分发挥高职教育对产业高质量发展的支撑效应，促进高职院校面向区域主导传统产业与战略性新兴产业调整优化的要求进行专业体系匹配建设，联合行业企业开展关键技术的研发攻关、关键产品的研发突破与关键工艺的改造升级，充分发挥高职教育培育的技术力量优势与技能人才优势，进一步推进区域产业转型升级、提质增效。

三是推进高职教育生态可持续发展的协同创新价值。推进高职教育科创服务生态优化，实现技能人才链、创新发展链、产业运行链有机衔接，是构建高职教育生态可持续发展质量评价体系的关键指向。现代科技发展具有高度集成性和跨领域、跨学科的交叉应用性的双重典型特征，需要各类科创主体实现更大发挥范围、更宽作用领域、更高展示层次上的深度协作，推进高职教育科创服务生态优化是有效整合高职教育资源与校企合作、产教融合领域科创力量的有效举措。推进高职教育科创服务生态优化，实现高职教育科创协同创新，一方面，体现为通过有组织的科研政策推进高职院校与行业企业合作开展科研难题联合攻关与核心技术项目及关键产品研发；另一方面，体现为理顺高职教育与行业产业的协同创新体制机制，助推高职院校科研成果实现高效转化应用。

（2）高职院校维度：高职教育生态可持续发展的育人价值。

高职院校是推进高职教育生态可持续发展的关键参与单元和主体，也是培养高素质技能人才的核心主体。高职教育生态可持续发展的育人价值，集中体现在高素质技能人才的培养上。而构建高职教育生态可持续发展质量评价体系，主要彰显其育人价值。

一是突出高职教育生态可持续发展的职业素养培育价值。高职院校受校园环境较为单一与实践教育资源不够充沛的影响，在技能人才职业素养培育上一直存在短板问题。技能人才职业素养的形成根植于实际的工作情境和工作过程中。实施职业教育产教融合，依托行业企业的生产场地、生产设备以及其他相关资源，为技能人才职业素养培育提供必要的环境与条件，体现了行业企业参与职业教育的重要价值。从职业教育人才培养场域出发，构建高职教育生态可持续发展质量评价体系，有利于突出技能人才职业素养培育价值。

二是突出高职教育生态可持续发展的实践教育价值。实践教育是技能人才培养的核心环节，也是长期以来高职教育技能人才培养的薄弱环节。世界主要发达国家、制造业强国的高职教育发展历程已表明，行业企业是高职教育人才培养中不可或缺的重要主体，各类工厂、车间已成为应用型技能人才专业知识形成与技术技能提升的最佳场所。推进高职教育生态可持续发展，需要在高素质技能人才队伍的培育与形成过程中，充分发挥行业企业的育人主体作用，体现行业企业资源对技能人才就业能力提升的实践教育价值，这也是构建高职教育生态可持续发展质量评价体系的重要价值维度。

（3）行业企业维度：高职教育生态可持续发展的人才供给价值。

推进高职教育生态可持续发展，行业企业同样属于核心参与主体。在推进高职教育生态可持续发展的过程中，行业企业不仅要帮助高职院校健全实践育人教学体系，共同建设实习实训基地，接纳教师下企业挂职锻炼、安排学生顶岗实习，还要参与高职院校的技能人才培养方案制订、专业教材编制、日常课程教学等育人工作，对高职教育生态可持续发展的整体推进发挥着根本性的支撑作用。对行业企业而言，构建高职教育生态可持续发展质量评价体系的主要价值就在于保障高素质技能人才供给。

一是保障高职教育生态可持续发展所需技能人才供给的能力素质结构。知识结构优化、能力结构完备是高素质技能人才的必备条件。企业参与高职教育产教融合，尽管能在很大程度上参与高职院校技能人才培养的全过程，尤其是帮助高职院校组织实施实践教学，但企业不是教育机构，高职教育人才培养质量取决于高职院校自身的教学规划与教学实施水平。从企业的立场与视角看，高职教育生态可持续发展的成效与质量的衡量标准主要有两方面：一是校企"双元"育人模式下所培育的技能人才在能力素质结构方面是否足够合理，二是是否已拥有成为一名职业劳动者的坚实专业能力基础。因此，构建高职教育生态可持续发展质量评价体系，应把保障高职院校学生的能力素质结构作为重要的指标方向。

二是保障推进高职教育生态可持续发展所需技能人才供给的综合职业素养。基于现代化产业的生产方式与特性，当代高素质技能人才不仅需要具备扎实的专业知识、娴熟的现场工程实操技能，也要具备处理复杂问题的应对能力、职业韧性与较强的创新突破能力，还要具备良好的适应环境的协调能力、团队协作的精神状态与服从组织的纪律意识。具有较高综合职业素质的复合型人才是现代产业发展真正所需的高素质技能人才。行业企业参与高职院校校企合作、产教融合，其内在动因是尽可能降低企业在技能人才招聘与培养环节的成本，提升企业人力资源的市场竞争力。行业企业更加看重高职院校技能人才供给的综合职业素养，表现在两个层面，一是是否达到现代企业生产与服务的技术性岗位用人需求，二是能否为行业企业带来长期的人力资源价值。对此，构建高职教育生态可持续发展的质量评价体系，需要将保障高职教育技能人才供给的综合职业素质作为重要的价值维度。

第三节　高职教育生态可持续发展的外圈层体系（支持系统）构建

高职教育环境承载力是高职教育生态可持续发展的外在约束，被视为高职教育生态可持续发展支撑要素的隐性渗透，保障其正常运行调控状态，进而破解其各项现实难题，核心表现在于高职教育经济环境承载力适度增强、文化环境承载力不断优化、科技环境承载力充分发挥、政治环境承载力有效改善。

一、环境承载力理论与高职教育生态可持续发展

1. 高职教育环境承载力

高职教育资源是维系高职教育生态系统运行稳定的根源。高职教育体系环境承载力与资源利用效率密切相关，在资源配置方式与开发利用方法上均呈现出一定的差异性。高职教育体系环境承载力，是在一定经济、文化、科技、政治条件下，促使高职教育生态系统实现充分的物质交换、能量循环与信息传递的基础性能力（胡华强和王国聘，2018；李飞，2021；贺祖斌和杨婷婷，2021；郭丽君和周建力，2022）。高职教育环境承载力是高职教育可持续发展的环境条件，是一定时期经济、文化、科技、政治水平下为维持一定的质量水平与规

模效益的高职教育所提供的能力。高职教育环境承载力可进行测算、统计与评估，是维系特定高职教育生态系统存在与发展的外部生态环境输入与输出能力的一种量化表现形式。当高职教育生态环境条件与维系高职教育生态系统稳定平衡的物质交换、能量循环与信息传递需要相匹配时，就能产生良性互动与促进效益，不仅高职教育生态系统会因教育生态环境的承载力提供稳定的资源而受益，而且高职教育生态环境也能从高职教育生态系统的稳定平衡状态中而受益。

高职教育环境承载力体现在经济环境承载力、文化环境承载力、科技环境承载力、政治环境承载力等四个方面。

(1)高职教育经济环境承载力。

高职教育体系必须与区域经济发展同步适应、并行发展，高职教育的经济环境为高职教育事业的发展提供物质基础，不仅对高职教育的发展规模与增长速度提出数量层面的要求，而且对高职教育结构功能优化与技能人才职业能力培养提出质量层面的要求，制约着高职教育规模的发展。高职教育经济环境承载力是一定社会发展阶段、经济发展水平条件下，能为高职教育生态系统给予适度的物质支撑的能力，反映在高职教育生态可持续发展所需的办学条件、基础设施投入以及其他必备物质保障上(郭丽君和周建力，2022)。要实现高职教育体系供需平衡，需要通过对区域经济与产业发展动态的深度剖析，实现区域内技能人才供需数量与质量的合理预估，促使高职教育结构优化与层级调整，确保高职院校的专业(群)设置与区域产业结构升级及企业发展对技能人才的现实需求相匹配、相融合。高职院校可充分整合内外资源，优化资源生态位，逐步改变单一办学经费渠道制约其发展速度提升与阻碍其规模质量改善的发展生态，推动高职教育生态系统可持续发展。高职教育经济环境承载力体现在经济发展水平和对高职教育的投入两个方面。经济对高职教育的可持续发展具有基础性作用，为高职教育可持续发展提供相应的财力、物力等物质条件的支持；高职教育发展的速度与规模取决于经济发展对高职教育的需求和容量。

高职教育经济环境承载力具体表现在两个层面：一是从供给方面构成了对高职教育投入经费的基本能力，决定了对高职教育的发展提供相应的财力支持的大小；二是从需求方面影响着高职教育的投入与质量。

一是经济发展水平从供给端构成了对高职教育投入经费的基本能力，决定了对高职教育的可持续发展提供相应财力支持的最大可能性。在目前的财政体制下，区域经济发展水平会从供给端直接影响高职教育投入效能与高职教育质量水平。区域经济发展水平决定了政府的财政能力，政府的财政能力决定了对高职教育资源的投入程度，继而影响高职教育的生均教育经费水平、教师的数量与质量。此外，如果能提供更好的经济收入，势必会吸引更多、更优秀的高素质教师进入高职教育事业中，从而提升高职教育的教师质量与教育质量。

二是经济发展水平会从需求端影响高职教育的投入效能和质量水平。教育具有生产与消费的双重属性。一方面，经济发展状况影响居民的生活水平提升及消费结构改善，进而影响居民对高职教育的需求，反过来影响高职教育的发展规模。伴随劳动力市场对高素质技能人才的需求升级，高质量高职教育的收益得以跃迁，居民对高质量高职教育的需求受到更大激发，促使居民的高职教育投入意愿提升。另一方面，经济的发展趋势影响未来学生就业情况，从而影响高职教育的发展规模。总体上看，基于生态学的视角，国家与地方经济发展状况对地方高职教育的需求与容量决定了地方高职教育的增长速度与发展规模。以财政拨款为主、多渠道筹措为辅的高职教育经费筹措的运行情况，直接影响地方高职教育经济环境承载力的发展水平。

（2）高职教育文化环境承载力。

高职教育与文化联系密切，彼此依存，相互影响。高职教育，作为一种传承、创造高深文化的人类实践活动，在体现文化的遗传与再生机制的同时，也受到文化的制约与影响。高职教育不是封闭式发展的自说自话，高职教育越是能扎根于现实土壤，与社会生活、经济发展结合紧密，越是能体现与展示高职教育的旺盛生命力和蓬勃活力。文化是一个国家和民族在长期生活过程中淬炼形成的、被大多数人所接受认可的生活方式、风俗习惯、价值观与思维方式的综合表现形式，对于高职教育生态主体的影响不容忽视，也与高职教育生态系统承载力有着直接、密切的关联。

高职教育文化环境承载力，一方面通过高职教育生态系统生成精神层面产品影响其教育活动得到加强与巩固，另一方面也通过向高职教育生态系统提供层次多样、品类多元的精神层面产品，促进高职教育生态系统保持稳定性与平衡性（郭丽君和周建力，2022）。文化与高职教育保持着密不可分的深层次内在关联性，促进高职教育文化环境承载力不断提升，形成优秀行业与企业文化触发、传承、保障机制，对于提升高职教育生态系统承载力，有着重要影响。高职院校应重视文化软实力建设，通过深挖高职院校的校园文化底蕴，激发学生文化自信，增强学生对职业与专业的热爱，提升学生职业综合素养，同时联合行业企业发展力量与优质匠心文化传承，持续深化文化的社会影响力与行业引领力，进而促进技能人才培育质量的不断提升。

（3）高职教育科技环境承载力。

在知识经济时代，科技的战略地位越来越重要，科技环境承载力也已成为高职教育环境承载力中不可或缺的一部分；同时技能人才作为知识的重要承载体，也是经济建设的关键主体，其规模、数量、质量及效能都是高职教育科技环境承载力的核心因素。特定的区域科技环境承载力决定了一个区域经济未来是否具备持续发展的潜力，为一个地区经济高质量发展提供了充足的智力支持以及技术支撑，为区域经济的发展注入了源源不断的活力；高职教育科技环境承载力是技能人才作用充分发挥的重要依托，从侧面反映了高职教育孕育的文化质量与基本素质。

高职教育科技环境承载力的充分发挥，可为高质量现代产业体系建设和高职教育内涵式提升飞跃做好充足的储备。利用推进高职教育高质量发展的动力因素，有效引导科技力量进高职校园、进专业课堂，是促进高职教育科技环境承载力发挥的有效途径。一方面，立足国家职业教育智慧教育平台，推进信息化教学深化改革，以科技赋能教学的新方式，形成运行高效的智慧课堂。另一方面，建设产教融合共同体，通过先进教学装备引进，促使生产性实习实训不断推广，逐步实现实践教学与生产应用无缝衔接。此外，结合高职院校优秀教师与外聘企业专家的应用型科研成果，将这些先进适用的科研成果融入专业课程教学，从实践操作、技术创新、工艺革新、跨界整合等层面培养复合型创新人才。

（4）高职教育政治环境承载力。

高职教育政治环境承载力是在政党、机构、组织或集体层面上，实现高职教育体系社会功能应具备的组织管理能力，体现在对高职教育生态系统进行系统性规划，实施管理创新体制机制的创建上，也表现为高职教育政策制定与实施（郭丽君和周建力，2022）。在高职教育生态系统中，政府、高职院校、行业企业等都有各自的生态位，通过构建定位清晰、分工协作、包容共赢的利益平衡和补偿机制，明确各自发展定位，强化相互间利益纽带关联，充分发挥各生态因子最优合力作用，保持高职教育生态链条的完备性，维系整个生态系统稳定运行。高职教育政治环境承载力对高职教育规模的支撑主要表现在政策规划和管理机制两个方面。高职教育政策规划是指与高职教育有关的政策与规划的制定、执行和评估反馈,包括国家层面出台的与高职教育相关的政策与规划,地方按照国家要求,结合地方的实际制定和执行的一系列与地方高职教育事业发展有关的政策和规划;高职教育管理机制是高职教育的管理体制、运行机制及实施效能,涉及有关高职教育的政策实施力度和规划落实程度,解决政策执行和规划落地中遇到的各类问题。

2. 高职教育环境承载力与高职教育生态可持续发展

分析高职教育环境承载力,对于高职教育生态可持续发展的推进具有重要的实践指导意义。当高职教育发展与其环境承载力相适应时,会促进政治、经济、文化、科技的发展;否则会引起高职教育生态的失衡(郭丽君和周建力,2022)。因此,高职教育环境承载力对于高职教育生态可持续发展具有外部约束性。高职教育经济环境承载力体现在区域经济发展水平以及对区域高职教育的投入上,高职教育的发展速度和规模取决于经济发展对高职教育的需求与容量,同时经济环境承载力的大小意味着为高职教育发展提供财力与物力支持的能力。高职教育经济环境承载力主要体现在对高职教育生态系统提供物质支持上,对高职教育生态可持续发展具有基础性支撑效应。高职教育文化环境承载力、科技环境承载力与高职教育体系之间是相互作用、相互影响、相互依存的共生关系。高职教育政治环境承载力主要为高职教育生态系统提供制度支持,体现在高职教育的管理体制、运行机制以及相关高职教育的政策和规划上,对高职教育生态可持续发展有决定性影响。文化、科技与高职教育之间存在更深层次的本质联系,高职教育文化环境承载力和科技环境承载力制约高职教育生态可持续发展。

二、高职教育生态可持续发展外圈层体系的构成

1. 高职教育政治环境承载力的构成

高职教育政治环境包括高职教育政策引导、制度设计与反馈调整、机制运行与实施保障。高职教育政治环境承载力的提升需要从健全完善制度设计、强化机制有效运行的角度出发。在完善政策制度设计与健全制度保障体系上,一方面,政府部门应建立完善的高职院校分类管理制度,实行分类管理,充分发挥制度的规范性与指导作用,促使不同类型的高职院校在适合的"赛道"上竞

争，进而提高高职教育政治环境承载力，推进高职教育生态主体合理定位，实现生态位分离。另一方面，政府部门应从顶层设计上构建契合高职教育发展特色的制度体系，根据高职教育生态主体的现实情况，在实际运行中给予一定的优惠与倾斜。在制度的运行过程中，依据国家宏观指导、地方政府统筹、校企合作办学的基本原则，强化制度设计与反馈调整、机制运行与实施保障，充分发挥政府部门的指导作用与企业参与的激励效应，实现政策上鼓励、经济上给力的良好局面，服务区域社会经济高质量发展。

高职教育政治环境承载力的综合评价，主要在于对高职教育制度运行保障机制和高职教育实效性等情况的分析探讨，涉及院校发展开放、人才贯通培养等。

2.高职教育经济环境承载力的构成

只有拥有良好的高职教育经济支持能力，高职教育生态可持续发展才能真正得以实现。要实现高职教育经济环境承载力提升，一方面需要政府给予充分的政策支持，另一方面还要政府给予相应的配套资金支持。如，提高高职教育的生均拨款标准，给予教职工获得编制方面的优惠，同时建立健全高职教育的拨款制度，增加对高职教育体系可持续发展建设的资金投入与资源保障。在政府资金投入充足的基础上，高职教育生态可持续发展取决于不同生态主体自身的经济实力与关键办学能力，取决于不同生态主体对环境中经济的吸引力。高职教育的鲜明特征是产教融合，而提升其经济环境承载力的关键举措也是产教融合。产教融合是实现高职院校生态可持续发展以及高职教育高水平技能人才培育的重要方式(李梦卿和邢晓，2020)，也是高职教育生态主体生态位发展的关键因素。要建立健全高职教育产教融合机制，需要在动力机制、支持机制、保障机制等方面下功夫：从特色发展引领、绩效激励推进等方面完善产教融合培养模式的动力机制；从岗位专业对接、教学与实践共生、校企协作联动等方面构建高职教育产教融合培养模式的支撑机制，从制度体系建设、组织结构设置等方面形成高职教育产教融合模式的保障机制。通过动力机制、支持机制、保障机制等的构建，形成校企命运共同体(黄蘋和陈时见，2020)，确保产教融合双方能从协作过程中实现双赢，从而有效提升高职教育经济环境承载力。

高职教育经济环境承载力的综合评价，主要在于对高职教育规模适度扩大、关键办学能力与产教融合质量提升等情况的分析探讨，具体涉及办学条件、人才培养与产业发展匹配度等。

3.高职教育文化环境承载力的构成

文化作为上层建筑的重要部分,影响着社会发展各领域,与高职教育生态可持续发展保持着千丝万缕的关联。我国"重普轻职"观念较为普遍,因而对其进行改造、实现转变是一项任重而道远的系统工程。首先,需要树立正确的价值观念,调整社会的价值认知体系,促使人们认识到职业无贵贱,都是服务经济社会发展的;其次,转换以往重理论、轻应用的教学趋势,主张理论与应用并重,在不同类型高职院校课程教学中合理调整基础理论与实践应用的比例分布;再次,构建合理的教育成果评价机制,推动结果性评价转向形成性评价,聚焦学生进步情况而非仅仅关注学生的学业表现,重构评估教学成效的运行逻辑,从而促使职业教育与普通教育处于同一起跑线。对高职院校本身文化而言,认清自身优势劣势及准确把握自身在教育系统生态链上的定位,发挥优势、规避劣势是其采取的应然对策。高职院校只有认识到自身优势并非学历与升学,而是对学生技术能力的应用培养及对社会产业人才需求的适应匹配,并立足于这一关键点,聚力弘扬自身职业教育特色文化(匡瑛,2020),才能从根本上避免高职院校的普通化发展,推动其生态位合理分布。唯有如此,高职教育体系中的各生态主体才能根据自身定位,凸显自身特色,发挥自身优势,贡献自身力量,真正提高高职教育文化环境承载力。

高职教育文化环境承载力的综合评价,主要在于对高职教育社会认同情况的分析探讨,涉及文化软实力(内部文化)、社会认同度(外部文化)等。

4.高职教育科技环境承载力的构成

振兴实体经济,稳住市场经济主体,推动制造业转型升级,打造先进制造业高地,大力发展战略性新兴产业,都离不开深化高职教育产教融合、校企合作。这需要组织高水平专业技能人才与企业协同攻关,精准把握企业转型升级亟待解决的技术难题,进一步促进产业升级核心技术改进与关键工艺流程革新,为服务区域经济高质量发展提供科技创新驱动。高职教育是推动产业结构升级调整的重要驱动力,是科技创新赋能产业发展的关键支撑力,是科技成果应用转化与研发技术创新的重要原动力。

高职教育科技环境承载力支撑是高职教育生态可持续发展的运行动力。一方面，要提升科研开发能级，用活增量与存量科教资源，紧扣现代产业体系建设所需的核心技术与"卡脖子"攻关难题集聚科教融汇资源，通过对战略科学家、高层次专家的柔性引进，引领服务行业企业技术革新改造、工艺流程再造、产品功能提升；由高水平大学、行业引领龙头企业和科研院所带动，在关键科技领域引领高职院校发力突破，推进科教协同育人，破解关键共性技术、关键工艺技术等重大难题。另一方面，要提升技术创新能力，充分发挥高职院校作为科技研发成果应用转化中试区的纽带作用，重点围绕特色产业创新集群建设布局中试基地，形成一批科创成果应用推广队伍。此外，要提升成果转化效能，推进实施"揭榜挂帅""职教企业行"等推进科教融汇的专题行动，形成高校科技成果信息挖掘匹配和应用转化共享服务平台，推动出台高职院校绩效工资改革实施细则，更好地加快科创成果应用转化。

高职教育科技环境承载力的综合评价，主要在于对科教融汇情况的分析探讨，涉及科技服务能力、高层次创新平台、科技创新团队建设等。

第四节　高职教育生态可持续发展圈层体系的理论框架

本书引入圈层体系的研究新视角，以要素保障为内圈层、运行条件为中圈层、支持系统为外圈层，由内到外、层层扩展辐射，形成高职教育生态可持续发展的圈层协同。通过高职教育生态可持续发展内圈层要素保障间的作用机制，形成其基础核心的内生力，传导激活中圈层的运行动力；凭借高职教育生态可持续发展中圈层运行条件间的耦合关系，有效驱动中圈层的运行调控，形成其韧性织补的耦合力；实施外圈层的统筹联动予以相应支撑，保障其运行条件的正常状态。由此构建高职教育生态可持续发展圈层体系的理论框架（图4-3）。

根据图4-3可知，高职教育生态可持续发展圈层体系的理论框架表现为从内至外的三个圈层：一是以要素保障构建内圈层体系，形成五重内核动力。高职教育生态可持续发展的要素保障是其内核，也是其发展效应发挥的关键，包括高职教育环境质量有效改善（承载力）、高职教育规模效益持续扩大（支持力）、高职教育资源结构不断优化（吸引力）、高职教育产出价值充分发挥（延续力）、高职教育投入活力显著提升（发展力）等。二是以运行条件构建中圈层体系，驱动四项中间运行力量。高职教育生态可持续发展的运行条件是其发展的

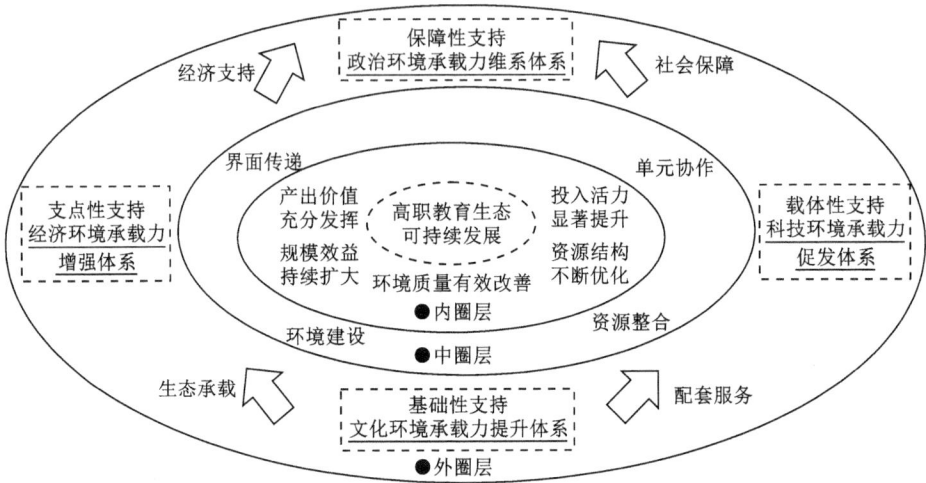

图4-3 高职教育生态可持续发展圈层体系的理论框架

保障，也是其发展政策与制度体系创新的重点内容，包括高职教育环境建设、高职教育资源整合、高职教育界面传递与高职教育单元协作等。三是以支持系统构建外圈层体系，布局四大支撑领域。高职教育生态可持续发展的支持系统是其基础，为其提供优良的自然与生活生态基质、经济—科技—社会支撑与政策制度服务，包括高职教育政治环境承载力维系体系、经济环境承载力增强体系、文化环境承载力提升体系、科技环境承载力促发体系。

第五章

湖南高职教育生态可持续发展现状

第一节 湖南高职教育生态可持续发展基本情况

近年来，湖南高职教育保持高质量、有特色发展，多项核心办学指标居于全国领先地位，在规模增长、内涵式发展、产教融合、教育体制机制改革、社会服务和国际交流合作等方面呈现诸多亮点，其高职教育生态可持续发展潜力较大。

一、湖南高职教育概况

1. 湖南高职教育基本情况

（1）规模增长稳居前列。

近年来，湖南高职院校紧扣"质量型"扩招，在有序扩大办学规模的同时，更加注重服务经济社会发展的高素质技能人才培养的高质量输出。截至2022年，全省共有高职院校77所，全日制在校生79.82万人，培养规模排名在全国居于第5位。从学生规模来看，根据《湖南省高等职业教育质量年度报告（2022）》数据，湖南省高职教育在校生人数占辖区人口总数的比例为1.14%，在全国排第1位。从技能人才输出来看，湖南省高职院校输送高素质技能人才数量逐年增加，2022年高职毕业生数达24.57万人，同比增长13.54%，本省毕业去向落实率达63.42%。

（2）内涵式发展质量持续提升。

湖南有效实施"三查三赛三评"制度，深度推进质量监控机制创新，高职教育整体教育教学水平与党建工作质量居于全国前列。在教育教学方面，湖南有国家"双高计划"建设单位 11 个，中期绩效评价中有 8 所评为"优秀"等级，18 所高职院校参与教育部第一批职业院校数字校园建设试点，61 门高职课程入选职业教育国家在线精品课程，是国家职业教育智慧教育平台唯一试点省份，7 所高职院校立项为国家级"双师型"教师培训基地；国家课程思政示范课程（教学名师和团队）数量、国家级职业教育教师教学创新团队数量、"十三五"规划教材数量、全国职业院校技能大赛学生获一等奖数量、全国职业院校教师教学能力比赛获一等奖数量、全国优秀教材（职业教育与继续教育类）获奖数量等稳居全国"第一方阵"。在党建工作方面，2022 年，湖南共立项"全国党建工作示范高校""全国党建工作标杆院系""全国党建工作样板支部"建设项目 37 个。

（3）产教融合特色不断彰显。

强力推进把学校建在开发区里，已建成长沙职教基地、株洲职教科技园等多个职教城，基本形成对接湖南四大区域功能板块的院校布局；高职院校联合本科高校、行业企业共建了一批产教融合实践中心，综合开展实践教学、社会培训、技术服务。坚持把专业建在产业链上，围绕工程机械、轨道交通、中小航空发动机和航空航天装备三大世界级产业集群，以及电子信息、新能源汽车、现代石化等优势产业，在全国率先实施示范性特色专业群建设计划，打造了一批深度对接支柱产业、新兴优势产业、地方特色产业的专业群；由"双一流"高校牵头，联合高职院校、科研机构、上下游企业组建产教融合共同体，形成了覆盖产业链的产教融合实体。

（4）教育体制机制改革不断完善。

在顶层设计上，教育部、湖南省人民政府联合出台《关于整省推进职业教育现代化服务"三高四新"战略的意见》，明确了教育部 7 条支持政策和湖南省 30 项工作任务，着力推动部省共建职教高地；省政府明确了健全职业院校自主聘任兼职教师管理办法、实施专业教师公费定向培养、建成本科层次的职业技术师范学院、优化绩效工资分配制度等举措，通过教师队伍改革创新，注入职教发展新活力。2022 年，湖南省因职业教育成效显著，再次成为获国务院真抓实干督查激励的省份。在项目推进上，实施"双高计划""楚怡行动计划"，遴选建设"楚怡""双高计划"建设单位 60 所、职业教育"楚怡"文化传承基地 20 个、

"楚怡"产教融合实训基地80个、"楚怡"示范性职业教育集团（联盟）30个，打造楚怡职教品牌，整体提升湖南职业教育影响力与社会美誉度；实施"职业教育信息化创新发展行动计划"，遴选17所职业学校为省级职业教育信息化标杆学校建设单位；分三批建设培育产教融合型企业共455家，数量居全国前列。

（5）社会服务和国际交流合作水平再创新高。

在社会服务层面，湖南省全年开展高质量职业培训总人数达57.85万人。持续实施"农民大学生培养计划"，累计招收农民大学生13.93万人。国家、省"双高校"结对帮扶51个脱贫县的公办中职学校。这些为全省经济社会发展提供了有力的人才和技能支撑。在国际交流合作层面，湖南省高职院校中有9所招收留学生，7所开展了中外合作办学，在国（境）外设立办学点16个、培训机构27个，专任教师开展国（境）外培训时间达3792人日，国（境）外人员（含出境企业员工）培训量为15.38万人日，合作开发国际化课程标准431个，输出职业教育标准175个，在国（境）外企业承担专业技术服务的专任教师54人，在国（境）外相关组织担任技术职务的专任教师83人。

2. 长株潭高职教育发展情况

（1）长株潭高职教育基础条件。

一是办学基础优势显著。

长株潭高职院校数量及分布情况如下：根据长株潭三市统计公报数据，2022年，长株潭共有普通高校72所（不含独立学院），其中本科院校21所，高职（专科）院校51所，占全省的66.23%。

长株潭高职院校学生数量及分布情况如下：2022年，长沙市有普通高校52所，其中高等职业（专科）院校35所，普通高校在校生76.24万人。2022年，株洲市有普通高校9所，其中高职（专科）院校8所，普通高等教育毕业生35802人，中等职业教育毕业生7981人。2022年，湘潭市有普通高校11所，其中高等职业（专科）院校8所，本专科招生55438人、在校生172049人、毕业生42304人。

二是共享实训基地建设有先发优势。

长株潭城市群一体化职业教育共建共享实训基地建设取得新成效。2019年7月11日，株洲市教育局、长沙市教育局、湘潭市教育局联合印发了《关于确定长株潭城市群一体化职业教育共建共享实训基地的决定》（株教发

〔2019〕5 号），成立了湖南化工职业技术学院的化工类实训基地、威胜集团有限公司的电子类实训基地、株洲联诚集团有限公司的加工制造类实训基地等 11 个有特色、能共享、高水平的长株潭城市群一体化职业教育共建共享实训基地，扎实开展了职业院校师生和行业企业员工跨地跨校的实习实训、技能竞赛和业务培训等活动，积累了一些经验，取得了比较好的成效。

三是产教融合型城市与企业建设有良好基础。

2019 年 10 月，湖南省入选全国首批产教融合建设试点区域，长株潭城市群、三一集团有限公司分别列入国家产教融合试点城市和国家产教融合型企业。近年来，湖南省政府和长株潭三市政府紧密围绕产教融合制度和模式创新，在重点聚焦完善发展规划和资源布局、推进人才培养改革、降低制度性交易成本、创新重大平台载体建设、探索体制机制创新等方面取得新成效，发挥了产教融合型城市节点的重要承载与推进作用。

(2)长株潭高职教育专业布局与结构不断优化。

长株潭经济结构正在向第三产业、现代化工业与新型农业转型。劳动密集型产业逐渐退出经济舞台，未来发展主流将是知识、技术、创新密集型产业。整体来看，长株潭一流专业群的调整设置与体系建设，一直保持与区域经济产业领域较为紧密的对接；面向不断转型与升级的产业结构调整需求，高职专业群不断优化内部专业设置与课程体系，为区域经济可持续发展提供坚实的内发动力。

长株潭高职院校一流特色专业群建设与布局在全省占有显著优势。在湖南省高职教育一流特色专业群立项层面，长株潭高职院校一流特色专业群共有97 个，其中长沙市 70 个、株洲市 15 个、湘潭市 12 个，占全省 138 个一流特色专业群的 70.29%。根据专业群布局，长株潭高职院校专业群对接我省经济社会发展中的多个产业领域，主要涉及先进轨道交通装备、智能制造、航空装备、装备制造、医药健康、石化、能源电力、现代服务业、新媒体、动漫、水利、安全等产业领域。

(3)长株潭高职教育校企合作紧密。

长株潭城市群发挥着湖南经济发展的"引擎"作用，积极推动辖区内学校与企业的产学研用深度对接。近年来，湖南各高等学校与职业院校紧跟世界前沿，主动对接国家与区域重大发展战略，基本形成了对接区域重点产业、支柱产业与新兴产业的学科(专业)体系，为区域经济社会高质量发展输送了大批创新型与技能型人才。

长沙市是全国职业教育先进单位,率先在湖南建设职教城,推进职业教育资源集约化发展。2015 年,长沙市入选国家首批现代学徒制试点单位,在长沙市职业院校推行现代学徒制试点。2019 年,出台了《长沙市人民政府关于推进校企合作的若干意见》,提出"企业办校""引企进校""学校办企""进企办校""校企联办""半工半读"等六种校企合作的分类探索模式。长沙市高职院校与 300 多家企业签订深度合作协议,校企共建教学、实训基地 40 余个。

株洲市是国家"开展地方政府促进高等职业教育发展综合改革试点"项目城市。株洲市按照"工匠摇篮、城市名片、两型典范、发展引擎"的定位,投资 200 亿元建设占地 13.9 km² 的职教科技园,已完成中心区域 4 km² 建设,有 9 所院校入园办学。株洲市还制定了《关于加快推进教育现代化的实施意见》(株发〔2019〕7 号),提出"建成全国产教融合示范城市"的工作目标,大力加强职教科技园建设,促进"产教城"融合发展,搭建"政校企"融合平台,组建了南方铁路运输、湖南汽车、株洲服饰产业、醴陵陶瓷和株洲湘菜产业等 11 个职教集团,在职教科技园建设大型公共实训基地 1 个,在企业和院校建成轨道交通综合实训站场、湖南微软创新中心、微软 IT 学院等 9 个生产性实习实训基地。

湘潭市职业院校与 156 个行业企业合作,校企共建实习实训基地近 1000 家。湘潭市支持高职教育发展,推进政府、学校、企业"三位一体"的产学研用结合,依托湘潭市 28 所职业院校的特色专业,合力推进产教融合、校企合作,打造"智造谷"与汽车城、军工城、文创城"一谷三城",形成以湘潭高新区国家级"双创"示范基地为引领,湘潭经济开发区、天易示范区等 7 个园区为支撑的智能制造产业雁阵。湘潭市以现代学徒制试点工作为突破重点,积极探索"校企共育、工学结合"技能人才培养模式。湖南理工职业技术学院、湘潭市工业贸易中等专业学校、江麓技工学校等院校与德国舍弗勒(湘潭)培训中心、海信集团等组建"舍弗勒班""海信班""华银班"等,在探索产教融合方面取得了阶段性成果。

(4)高职教育赋能长株潭一体化发展的现实成效。

一是对接产业园区办学,形成了良好的高职教育协作发展工作机制。

依托产业园区,长株潭三市普通高校、职业院校与园区内企业建立了长期稳定的合作关系。长沙市加速推进岳麓山国家大学科技城成为科技领军人才荟聚中心、国家科技成果转移转化释放高地,促进教育链、人才链和产业链、创新链有机衔接。长沙岳麓山国家大学科技城投资建设有限公司联合中国科学院大学和专业运营机构,共同出资成立湖南国科湘江产教融合联合创新中心有限公司,以中国科学院大学和湖南省优质教育资源为基础,打造湖南省产教融合公共服务平台,邀请各市州在大科城设立研发飞地,共建产业技术实验室、中试与工程化基地、产业学院与企业工作室以及高水平公共实训基地,形成以财政为引导、中心为依托、基金为纽带、联盟为抓手的产教融合发展多元格局(刘阳,2020)。

长沙市的岳麓山国家大学科技园、湖南大学国家大学科技园是全省重点建设的 2 个国家级大学科技园;长沙环保科技园内的长沙职教基地,建在长株潭城市群的心脏地带,交通方便,已吸引多家企业和职业院校入驻园区,实现了产教结合,教育与园区紧密对接。株洲市在云龙新城建设了湖南(株洲)职业教育科技园、湖南九郎山职教科创城发展集团有限公司,组建了南方铁路运输、湖南汽车、株洲服饰产业、醴陵陶瓷和株洲湘菜产业等 11 个职教集团,与 156 个行业企业形成了资源共享、优势互补的教学产业链。湘潭市支持高职教育发展,大力推进政府、学校、企业"三位一体"的产学研用结合,深化产教融合、校企合作,将 4 所职业院校融入湘潭九华经济技术开发区。

长株潭三市产业园区内的学校与企业融合日趋紧密,逐步形成了共生共荣的良性发展关系。长株潭三市支持和鼓励普通高校或职业院校在产业园区内与企业共建实训基地。同时,长株潭三市在规划发展区域产业园的同时,同步规划公共实训基地或学生顶岗实习实训基地建设。2016 年 9 月 14 日,教育部部长陈宝生在视察长沙高新技术工程学校时题词:"把学科建在产业链上,把学校建在开发区里,把工匠精神刻在学生心中,把创新意识融入学生血液。"这是对长株潭城市群职业教育对接园区办学的真实写照,同时也是对产教融合具体做法的高度肯定。

二是专业融入产业链,增强了高职教育服务产业发展能力。

长株潭三市的普通高校和职业院校顺应产业升级需要,围绕区域内轨道交通、工程机械、电子信息、航空、新能源等重点产业和战略性支柱产业、新兴产业,大力推进专业优化调整,先后新增高职物联网、云计算技术、工业机器人、新能源汽车、人工智能等专业 219 个。2022 年湖南省高职院校共淘汰专业点 86 个,新增专业点 119 个。从长株潭三市专业开设与立项建设的一流特色专业群来看,所属高职院校基本覆盖了三市优势特色产业与战略性新兴产业主要岗位与工种(刘阳,2020)。

三是对接产业办学，以高职教育促推三地经济社会发展。

近年来，长株潭三市普通高校与职业院校围绕区域重点产业、支柱产业调整专业设置，对接产业办学，推进产教融合、校企合作，为地方经济建设和社会发展提供了技能人才支撑与技术支持（刘阳，2020）。长沙市各职业院校对接区域内工程机械、电子信息、现代服务业等领域的企业，签订深度合作协议，校企共建教学、实训基地，培养高质量创新型技能人才。株洲市所属的湖南汽车工程职业学院、湖南铁路科技职业技术学院、湖南铁道职业技术学院等高职院校分别对接株洲智能汽车、智能制造、轨道交通等产业，建设现代焊接技术中心、现代智能制造技术中心、现代汽车技术中心等多个公共实训中心，提供技能人才供给和技术培训服务。湘潭市围绕健康、养老、智能制造、新能源等产业领域，建设一批具有辐射引领作用与示范效应的高水平、共享型、现代化产教融合实训基地，培养了一大批高素质技能人才。

二、湖南高职教育生态可持续发展概况

1. 高职教育政策生态保障

（1）贯彻落实《关于推动现代职业教育高质量发展的意见》。

湖南认真贯彻落实《关于推动现代职业教育高质量发展的意见》，围绕"树品牌、促发展、优布局、强根基、赢口碑"职业教育发展策略，以"双高计划""楚怡行动计划"等项目建设为抓手，全面推进全省职业教育高质量发展。2022 年 6 月，湖南职业教育继 2018 年和 2021 年之后，第三次获国务院真抓实干督查激励，成为"改善职业教育办学条件、创新校企合作办学机制、推进职业教育改革等方面成效明显的地方"5 省份之一。

（2）扎实实施职业教育提质培优行动计划。

湖南省采取诸多有效措施，推进实施职业教育提质培优行动计划，取得系列标志性成果。扎实推动习近平新时代中国特色社会主义思想进教材进课堂进头脑；依托职业院校"同上一堂思政大课"；遴选建设湖南省"楚怡"思想政治教育教学创新团队 25 个、思想政治课示范课堂 93 个。实施"湖湘工匠燎原计划"；推进长沙民政职业技术学院、湖南工业职业技术学院等优质高职院校与4 所普通本科大学的独立学院合并转设为公办本科层次职业大学。依托湖南开放大学筹建湖南老年大学，各级各类老年大学注册学员超过 60 万人；建设省级

及以上示范性继续教育基地 27 个。积极推进 1+X 证书制度试点；支持 13 所高职院校加强涉农专业建设；遴选建设 30 个"楚怡"示范性职教集团(联盟)，入围国家示范性职教集团(联盟)培育单位 18 个；新认定 176 家产教融合型企业。高职单招实行"文化素质+职业技能"招考方式，面向五类人员招生 5194 人。高职院校毕业设计抽查合格率为 99.56%，优秀率为 29.6%；高质量举办全省高校党委书记校长暑期研讨班，共开设 10 堂专题辅导课。建设示范性教师企业实践流动站 270 个；入选国家高层次人才特殊支持计划教学名师 13 人，全国教师教学创新团队 21 个；入围国家在线精品课程 68 门。18 所职业院校参与教育部第一批职业院校数字校园建设试点工作，湖南入围国家职业教育智慧教育平台试点省份；建成国家级职业教育专业教学资源库 33 个；立项国家级虚拟仿真实训基地 8 个。

(3)落实《湖南省职业教育改革实施方案》。

《湖南省职业教育改革实施方案》出台 17 项改革举措，推动湖南职业教育高质量发展。2022 年，湖南分两批次完成 9 所省直部门所属高职院校正式划转至省教育厅管理；实施"湖湘工匠燎原计划"，遴选认定湖南农业大学、中南林业科技大学、湖南科技大学等 5 所本科高校作为培养基地，招收职业技能竞赛指定赛项的获奖学生，培养本科层次工匠人才；成立首批 18 个省级行业职业教育教学指导委员会，持续深化产教融合。

(4)实施职业教育"楚怡"行动。

湖南省教育厅联合湖南省发展和改革委员会等 5 部门印发《关于实施职业教育"楚怡"行动的通知》，大力实施职业教育"楚怡"行动。2022 年，"楚怡"行动被写入湖南省政府工作报告，并被纳入全省十大重点民生实事项目；遴选建设"楚怡"高水平高职学校建设单位 30 家、"楚怡"高水平高职专业群建设单位 30 家、"楚怡"优质中职学校建设单位 60 家、"楚怡"优质中职专业(群)建设单位 52 家，遴选建设职业教育"楚怡"文化传承基地 20 个、"楚怡"产教融合实训基地 80 个、"楚怡"示范性职业教育集团(联盟)30 个；已启动"楚怡"工坊、"楚怡"教师教学创新团队、"楚怡"名师工作室、"楚怡"教学名师等项目的遴选。湖南职业教育"楚怡"行动将有力推动湖南职业教育内涵式高质量发展，提升新时代湖南职业教育核心竞争力和社会美誉度。

（5）推进部省共建职教高地。

2022 年，湖南继续贯彻落实《关于整省推进职业教育现代化服务"三高四新"战略的意见》，按照教育部和湖南省政府全省职业教育"一盘棋"的部署，采取"一市一策""一校一案"的方式，全面推进部省共建职教高地建设，各项工作取得超预期成果。在中期绩效评价中，11 家国家"双高计划"建设单位有 8 家评为"优秀"等级，3 家评为"良好"等级。全省高职院校设置服务"三个高地"的专业由 1130 个增加到 1214 个，为"三个高地"输送高技能人才 8 万多人，比 2021 年增加 7000 多人。

2. 高职教育经济生态发展提升

（1）服务湖南"三高四新"战略。

针对面向湖南打造国家重要先进制造业高地、具有核心竞争力的科技创新高地、内陆地区改革开放高地的发展战略，湖南省高职院校主动对接产业发展需求，构建适应湖南"3+3+2"先进制造业集群（工程机械、轨道交通、航空动力等世界级产业集群，信创产业、先进材料、节能环保新能源等国家级产业集群，衣食住行、健康养老等满足人民美好生活需要的传统产业等经典产业集群）和中国（湖南）自由贸易试验区建设的院校发展布局与专业体系布局（表 5-1），持续推进长沙航空职业技术学院航空机械智能制造、湖南工业职业技术学院智能装备制造技术等 10 个服务湖南"三个高地"战略高水平专业群建设；湖南省高职院校设置服务"三个高地"的专业由 1130 个增加到 1214 个，为"三个高地"输送高技能人才 8 万多人，比 2021 年增加 7000 多人（表 5-2），为"三个高地"战略提供强有力的人才支撑。2022 年，湖南省高职院校紧紧围绕服务乡村振兴战略和"三高四新"战略，聚焦全省"一核两副三带四区"区域经济格局，加强新兴专业建设，提高专业集聚度，形成具有湖南特色的专业布局。全省新增专业点 119 个（其中涉农专业 6 个），比上年增长 9.52%，淘汰专业点 86 个，服务乡村振兴战略和"三高四新"战略的专业点达 629 个，与省内 15 所本科院校开展高本衔接的专业 28 个。

表 5-1   湖南省高职教育对接"3+3+2"先进制造业集群情况

"3+3+2"先进制造业集群		对接专业点数/个	在校生数/人	毕业就业数/人	当地就业数/人
世界级产业集群	工程机械、轨道交通、航空动力	290	105795	28580	18125
国家级产业集群	信创产业、先进材料、节能环保新能源	304	118969	31915	20240
经典产业集群	衣食住行、健康养老等满足人民美好生活需要的传统产业	1039	459904	130633	82847
合计		1633	684668	191128	121212

数据来源:《湖南省高等职业教育质量年度报告(2023)》。

表 5-2   湖南省职业教育服务"三个高地"专业及学生规模情况

项目	2021 年	2022 年
服务"三个高地"的专业数/个	1130	1214
为"三个高地"输送高技能人才数/人	73433	80655

数据来源:《湖南省高等职业教育质量年度报告(2023)》。

(2)服务新兴优势产业链。

2022 年,全省高职院校对接先进轨道交通装备(含磁浮)、工程机械等 20 个湖南新兴优势产业链,推进专业链与人才链互动发展。目前,与新兴优势产业链对接的专业点达 845 个,占专业点总数的 43.44%,同比增长 17.69%;2022 年为新兴优势产业输送高素质技能人才 7.65 万人(占毕业生总数的 31.14%),同比增长 14.35%,提供技术服务项目 1362 个(表 5-3),同比增长 50%。

表 5-3　湖南省高职教育服务新兴优势产业链情况

项目名称	2021 年	2022 年	增速/%
与新兴优势产业对接专业点数/个	718	845	17.69
输送高素质技术技能人才数/万人	6.69	7.65	14.35
为新兴优势产业提供技术服务项目数/个	908	1362	50.00

数据来源:《湖南省高等职业教育质量年度报告(2023)》。

(3)推进集团化办学。

2022 年,湖南省遴选立项建设 30 个"楚怡"示范性职业教育集团(联盟),基本覆盖湖南优势产业、特色产业和战略性新兴产业。

(4)服务行业企业。

2022 年,湖南积极统筹职业教育、继续教育。全省高职院校充分利用专业和资源优势,主动拓展社会服务功能,开发重点领域典型培训项目 1047 个,校企共建高水平培训基地 272 个,承担学历教育和培训任务的"双岗"教师占专业课教师的比例为 34.00%。同时,各高职院校积极扩大职业培训规模,当年开展高质量职业培训总人数达 57.85 万人,其中承担补贴性培训人数 12.57 万人,非学历培训学时达 777.18 万学时,非学历培训到账经费 35407.96 万元,各项数据较 2021 年均有不同程度的上升。

3.高职教育社会文化生态完善

(1)积极开展高质量特色培养培训。

一是推行中国特色学徒制。2022 年,湖南高职院校实施中国特色学徒制专业数达到 419 个,在校生数 54857 人,较 2021 年分别增长 10.96%和 24.27%,有效助力培养"湖湘工匠"。二是服务乡村振兴。2022 年,湖南高职院校开设涉农专业点 168 个,为乡村振兴输送技术技能人才 24559 人,较 2021 年增长 17.32%;开展乡村振兴建设培训项目 323 个,培训达 6.65 万人次。其中,湖南商务职业技术学院、湖南工业职业技术学院、益阳职业技术学院等 26 所高职院校面向农村劳动者举办了乡村振兴致富带头人、助农电商、库区移民焊工等 140 期技能培训班,培训人数达 35807 人次,有效提升了农村劳动者职业能力与就业能力。

（2）有序实施定点帮扶。

2022 年，湖南省教育厅下发《关于深入开展全省职业学校结对帮扶工作的通知》，明确部分国家、省"双高计划"高职学校结对帮扶 51 个脱贫县(市)公办中职学校，其他高职院校也积极自主结队帮扶农村中职学校。全省高职院校派出帮扶人员 2630 人，为受扶中职学校培训师资 3823 人，较 2021 年分别增长 19.93%、45.86%。

（3）切实服务社区公共文化建设。

湖南高职院校通过开展主题党日、志愿服务、文化培训等丰富多彩的活动，有效提升社区居民思想和文化素养。2022 年，高职院校文体场所每周向社区居民开放 20.85 小时，与社区共同开展文化活动 1246 次，开展培训项目 527 个，培训社区居民 16.93 万人次。

4. 高职教育科创服务生态优化

（1）服务企业科创发展。

2022 年，湖南省高职院校联合企业全面开展科学研究和技术攻关，知识产权项目数、专利成果转化到款额、累计获得发明专利数、累计攻克关键技术难题数、累计研发重要新产品数等较上年均有较大幅度提升。

（2）提供技术服务支撑乡村振兴。

湖南省高职院校根据中国科协、国家乡村振兴局《关于实施"科技助力乡村振兴行动"的意见》文件精神，聚焦"新农村、新农业、新农民、新生态"建设，利用自身的技术优势，主持或参与乡村振兴科研项目 476 个，开发涉农新技术 151 项，为乡村振兴提供有力技术支撑。

5. 高职院校校园生态提质

（1）党建引领院校生态建设不断提质。

湖南高职院校认真贯彻落实党的二十大精神，坚持和加强党对学校工作的全面领导，以办人民满意的职业教育为宗旨，贯彻党的教育方针，充分发挥党组织的领导核心与政治核心作用，全面落实立德树人根本任务。2022 年，湖南高职院校"五化"支部验收达标率 100%、教师党支部书记"双带头人"配备率达 92.39%，全省高校党组织"对标争先"建设计划第三批项目立项数较第二批有所增长，第三批项目中有 4 所高职院校立项全省高校党建工作示范高校。

（2）学生在校满意度保持高水平。

2022 年，湖南省高职院校课堂育人满意度、课外育人满意度平均值分别为96.61%、95.34%，思想政治课教学满意度、公共基础课（不含思想政治课）教学满意度、专业课教学满意度平均值达到96.89%、96.42%、96.49%，与往年基本持平。

（3）数字化校园建设扎实推动。

湖南省高职院校以教育信息化 2.0 试点省为契机，积极推进智慧校园建设。2022 年，湖南高职院校互联网出口带宽总量达到 9341.84 Mbps，校园网主干最大带宽总量达到 13035.11 Mbps。

（4）学校治理能力不断提升。

2022 年，湖南高职院校共完善学校治理相关制度 2252 个，健全理事会、教学工作指导委员会等相关治理机构 557 个，学校内部治理结构与治理体系进一步得到完善，治理能力进一步提升。

第二节　湖南高职教育生态可持续发展问题考察

高职教育工作的管理者意识到高职教育是一个生态系统，要充分发挥高职教育的社会功能，需要对人员配置、经费投入保障、设施设备建设、课程教材与图书资料等资源进行综合考量；高职教育者意识到对教育对象的思想观念进行影响与塑造涉及多个学科领域，需要对教育目标与任务、教学过程、教学手段与方法及教育质量评价体系进行系统性设计与谋划；社会管理部门也意识到需要将高职教育生态系统视为社会系统的子系统，对不同社会子系统之间的复杂非线性关系进行研究并制定出针对性强的社会实践指导方案与实施意见。上述种种变化，为高职教育生态可持续发展研究奠定了良好的现实基础，但从高职教育生态可持续发展实践视角来看，湖南高职教育生态可持续发展存在以下突出问题。

一、湖南高职教育生态可持续发展的基础性发展难题

1.高职教育生态系统规模与高职教育经费投入同步增长,但生均经费提升乏力

湖南高职教育发展持续处于全国第一方阵，高职高专在校生占高等教育在

校生比例，湖南 2002—2021 年均值为 39.51：60.49，可统计数据的 2004—2020 年，全国均值为 32.26：67.74（何莉和汪忠林，2022）。进一步统计分析可知，2012—2022 年，湖南省高考生源数量增幅高达 80.94%，远高于全国同期的 30.38%，由于同期湖南省仅新增高职高专 7 所、高职升格与独立学院转设共设置本科高校 5 所，全省高校数量增幅实际上仅 7 所，实际增幅仅 5.65%；同期全国高职高专增加了 221 所，实际增幅为 17.04%；由于新设高校数量增幅低于生源增幅，叠加长期投入不足，湖南和全国都主要依靠原有学校内部扩容缓解高等教育和职业教育资源供需矛盾，办学条件普遍性下降（何莉和汪忠林，2022）。

　　教育事业统计公报显示，2012 年，全国共有高校 2442 所，其中高职高专院校 1297 所，在校生规模平均为 5858 人。2021 年，全国共有高校 3012 所，其中，本科层次职业学校 32 所，高职高专院校 1486 所；职业本科在校生 12.93 万人，在校生规模平均为 4041 人，从无到有；高职（专科）在校生 1590.10 万人，在校生规模平均为 10701 人，相对 2012 年增加了 4843 人，增长了 82.67%。2012 年，湖南共有高校 121 所，其中高职高专院校 75 所，在校生规模平均为 5522 人。2021 年，湖南共有高校 128 所，其中职教本科院校 1 所，高职高专院校 77 所，高职高专院校在校生规模平均为 9747 人，相对 2012 年增加了 4225 人，增长了 75.51%。不难发现，无论是湖南还是全国，高职教育过去 10 年都出现了规模高速扩张。

　　高职教育的办学规模和经费投入是反映高职教育生态可持续发展的重要指标。按照国际通行标准，职业教育的投入应该高于普通高等教育投入。但事实上，湖南高职经费投入虽然逐年增加，但与高职教育发展规模仍然不相适应。2022 年湖南高职院校全日制在校生 79.82 万人，维持持续增长的态势，相比 2017 年在校生总规模增长了 1.54 倍；2022 年湖南高职院校举办者总投入 97.40 亿元，保持连续增长，相比 2017 年举办者总投入增长了 1.60 倍；2022 年湖南公办高职院校生均财政拨款 13927 元，在学生规模持续增加的情况下，略低于 2017 年的 14372 元（表 5-4）。此外，2017—2021 年，湖南职业教育支出占教育支出的比重基本维持在 10% 左右（表 5-4）。虽然经费投入和办学规模扩展大体保持同步增长，但高职教育生均财政拨款在教育规模扩大后未有实质提升，制约着高职教育生态可持续发展。湖南在实现高职教育投资主体多元化、保证高职教育有充足的经费来源方面，可谓任重道远。

表 5-4　2017—2021 年湖南省高职教育财政经费相关情况

年份	年生均财政拨款水平/元	职业教育支出/亿元	普通教育支出/亿元	职业教育支出占教育支出的比重/%	普通教育支出占教育支出的比重/%
2017	14372	104.82	842.12	9.40	75.50
2018	14127	117.89	893.10	9.93	75.26
2019	13973	130.18	949.13	10.25	74.73
2020	13992	125.93	1021.29	9.50	77.06
2021	14185	136.16	1073.09	9.91	78.12

数据来源:《湖南省高等职业教育质量年度报告(2023)》、2018—2022 年《湖南统计年鉴》。

2.高职教育生态系统基础条件不断改善, 但区域生态格局不优

从总体上看, 湖南教育经费及教育资源总量与高职政治教育生态系统的规模实现同步增长, 但由于地区间经济发展水平与财力投入水平差异较大, 改革推进程度不一, 部分地区高职教育专项生均经费与生均办学条件下降, 出现高职教育生态系统承载力不足的现象, 难以保证基本的教育质量与维持正常的教学秩序, 严重影响了高职教育生态可持续发展。高职教育发展规模已超出其生态系统承载力, 如果不加大投入力度, 增强其高职教育生态可持续发展能力, 调控高职教育增长指标, 将无力负载现有的发展规模。

从湖南 77 所高职高专院校的地域分布来看, 近七成的高职高专院校集中在长株潭地区, 湘南、洞庭湖、大湘西三大地区的高职高专院校只占 10%左右。同时, 湖南的 5 所国家示范性高职院校和 4 所国家骨干高职院校中有 6 所在长株潭地区, 占总数的 66.67%; 湖南的 11 家国家"双高计划"建设单位中有 9 家在长株潭地区, 占总数的 82%; 湖南的 16 所省卓越高职院校中有 13 所在长株潭地区, 占总数的 81.82%; 湖南的 15 家湖南省"楚怡"高水平高职学校建设单位 A 档中有 13 家在长株潭地区, 占总数的 86.67%。与长株潭地区相比, 湘南、洞庭湖、大湘西三大地区的高职高专院校, 无论是数量还是质量都相对落后, 包括 5 个市州的大湘西地区高职院校占比仅为 10%。尽管长株潭地区经济发展程度相对发达, 但当前湘南、洞庭湖、大湘西三大地区的经济发展速度在加快，对全省经济增长的贡献率在不断提高。与经济发展良好势头相比，湘南、洞庭湖、大湘西三大地区高职院校数量和质量都已经滞后于产业发展。

3. 高职教育生态系统内的教育者与教育对象比例失衡，师资建设亟待加强

湖南省统计年鉴及国民经济和社会发展统计公报数据显示，以高等教育为例，高等教育系统招生人数从 2017 年的 39.2 万人增长至 2022 年的 55.2 万人，同期高校教师数量从 10.23 万人增长至 11.84 万人。《湖南高等职业教育质量年度报告》显示，高职院校全日制在校生从 2017 年的 51.83 万人增长至 2022 年的 79.82 万人；高职院校专任教师从 2017 年的 24199 人增长至 2022 年的 34973 人；2020 年、2021 年，高职院校生师比分别为 21.78：1、22.21：1。生师比过高，致使一些高职院校课程授课的班级规模越来越大，教学效果有所下降；由于工作量过多，教学压力过重，部分专任教师无暇接触和指导学生，没有更多的精力用于教学。从总体上看，教育规模扩大以来，高职教育教师数量不足的问题一直影响着高职教育生态可持续发展，若后续不进一步加大师资引进力度、提升师资开发和培养水平，高职教育教师的数量与质量都将对湖南教育事业总体规模可持续扩展、教学质量和育人水平稳定及国家人力资源开发战略的有效实施等产生较严重的制约作用。

二、长株潭技能人才协同发展面临四大困境

近年来，长株潭在技能人才一体化发展上做了不少实践探索，就技能人才综合服务与保障中心协作联动、面向先进制造业的高端人才柔性共引、职业教育实训基地共同开发建设等方面签署合作协议，在技能人才协同发展上初步形成了良好格局，但长株潭技能人才协同发展还面临着四大困境：一是战略协同规划引导上，长株潭对技能人才协同发展的重要性认识不够，主动联合出台促进区域技能人才协同发展的政策措施不多，对技能人才使用、管理及评价协同发展体制机制创新突破较少；二是政策协同驱动上，主要靠"拼资源、拼资金、拼待遇"的政策吸引人才，政策趋同，未能体现城市自身的特色、制造业和职业教育的比较优势，不能很好地吸引真正促进长株潭协同发展的技能人才；三是政府引导与市场化配置联动上，发挥技能人才引进主体与渠道作用的主要是政府部门，对引才用才市场主体的财政、金融等方面的支持政策相对欠佳，市场化开发程度有待提升；四是体制机制创新突破带动上，涉及技能人才自身可持

续发展的政策不多，长株潭技能人才发展的生态活力提升亟待加强。

1.协同发展战略理念共识未理顺：发展战略的认识不统一

认识论问题一直是科学研究的核心问题(张波，2016)。处理好对长株潭技能人才协同发展的认识问题，关系到长株潭人才一体化发展实践行动的正确方向。实施长株潭技能人才协同发展，不是从单个城市角度通过开放合作实现优势互补，解决城市发展瓶颈问题，而是通过技能人才协同发展形成系统整合的整体性效应，促进长株潭融合发展，打造全国重要增长极。长株潭对区域技能人才协同发展的期待和认识尚不统一，主动联合出台统筹区域技能人才协同发展的政策措施不多，已有政策的包容性有待提升。具体表现在两个层面。

(1)协同发展共识还未凝聚。

推进长株潭技能人才协同发展，需要省直部门和三市政府的高层推动，也需要各市所辖区县的统筹联动，还需要园区、行业企业、职业院校的共同聚力。当前，受行政体制下城市本位主义的制约，长株潭城市间依然是人才竞争大于人才协同的状态，三市对区域技能人才协同发展的期待和认识尚不统一。长沙忧心区域人才协同过度强调人才发展利益共同体，在一定程度上会削弱其在人才发展政策体系及发展生态上的比较优势，且将会给其公共资源承载与服务保障能力的提升带来较大压力。而株洲、湘潭对推进区域技能人才协同发展的愿景较为期盼，主要期待省级层面通过技能人才协同发展推进政策的统筹协调，从行政干预上降低两市技能人才资源被长沙吸收的效应；同时，出于技能人才发展利益共同体的综合考虑，期盼长沙能将部分优质教育、医疗等公共服务资源进行让渡，让两市能依托这些优质资源，引聚更多高技能人才，留住优秀技能人才。

(2)政策落地效果欠佳。

虽然长株潭制定了一些政策，出台了一些举措，但未能体现消除技能人才协同发展问题的紧迫感。从顶层设计来看，在长株潭技能人才协同发展的战略规划有效驱动、行动计划实施推进、建设条件的保障力度与投入成效上，还存在一定差距(郭广军，2021)。目前，长株潭暂未形成区域技能人才资源一体化发展体系，政策不协调、市场不统一、人才壁垒等制约协同发展的问题没有得到很好的解决，已形成的科教、技能人才实力并未有效转化为引领湖南区域经济发展的优势。同时，就长株潭技能人才共引共育与开放合作协议的签署情况而言，职业院校间联合培养的较多，有政府组织引导的较少；省市层面高端顶层设计推力不足，致使在长株潭全局与宏观维度上难以进行有效统筹，无法推动技能人才共引共育与开放合作取得实质性进展(刘阳，2020)。从人才工作实践来看，三市技能人才工作合作层次、深度和广度均有待提升，可持续性不强，社会参与度偏低。三市人才政策包容性不强，人才互认与政策共享的政策执行标准、覆盖对象、服务程度等均不尽相同，非本市户籍技能人才在住房、教育、医疗等公共服务平等享受方面存在明显障碍，特别是购房资格、子女入学、住房公积金等方面互通衔接存在较大的地域差异。这些体制机制上的不顺畅导致了三市间技能人才特别是高技能人才缺少共享意愿，技能人才交流合作层次偏低，流于形式。政策实施的具体问题如下。

一是技能人才政策工具单一。长株潭三市技能人才政策在政策工具的使用上都聚焦于物质和服务两个层面。一是支持技能人才创新创业的"发展型"政策，包括创新创业补贴、科研启动资金、研究场所、政策支持等形式；二是支持技能人才安居乐业的"保障型"政策，主要包括发放生活补贴、提供人才公寓、发放购房补贴、提高公积金额度等；三是提升技能人才贡献率的"服务型"政策，如职称评审直通车、智力成果转化变现、"研发贷"、"人才贷"等。涉及城市基础设施建设、技能人才支持产权保护、成果转化支持等的政策工具相对较少。

二是技能人才政策倾向明显。完整的技能人才政策体系包括技能人才引进政策、技能人才开发政策、技能人才流动政策等内容。目前长株潭各城市技能人才政策普遍倾向于以技能人才引进、技能人才培养和技能人才激励为主的技能人才引进政策，而涉及技能人才开发、流动、后续服务等技能人才管理政策的内容较少。

2. 市场协同运行界面不畅：差异化战略与同质化竞争

差异化是一种广泛应用的重要战略思维，要求地区在全球同质化背景下努力挖掘和展现地域特色，获取全球竞争中的独特比较优势。但是，从长株潭技能人才政策梳理中可发现，技能人才引进理念、产业对技能人才的需求、技能人才发展体系等方面具有较高同质性。从政策适用对象来看，无不瞄准高层次复合型创新人才，对技能人才长尾效应未引起足够重视，如国内青年技能人才、高级技术人才、服务人才等均是支撑地区高质量发展的主力军；从政策内容来看，把政策突破点聚焦在技能人才落户政策、住房政策、生活保障补助政策、子女入学政策、医疗社保政策等领域，内容高度趋同。政策未能很好地体现城市自身的特色、制造业和职业教育的比较优势，在资源供给、资金配套、福利待遇等方面存在较高的政策趋同性，统筹协调的市场协同运行界面传递机制有待形成。同质化技能人才政策牵引下，长株潭人才市场保持竞争状态，阻塞了技能人才自由流动渠道，导致区域内技能人才共同开发的统筹协调力度欠缺，使得技能人才资源难以充分有序流动，这成为制约技能人才协同发展的突出问题。具体表现在三个层面。

（1）技能人才政策同质化竞争。

一是政策目标的同质化。各地技能人才政策的目标指向主要聚焦两个方面：短期目标在于筑巢引凤，集聚优秀人才；长期目标则是推动产业转型升级，实现高质量发展。

二是政策内容的同质化。从长株潭各地技能人才政策内容来看，基本上都涉及战略性新兴产业和现代服务业，重合性非常高，区分度比较低。

三是政策工具的同质化。长株潭各地技能人才政策的政策工具选择大体相同，主要是围绕物质激励和服务优化两个层面进行，不同城市的差异主要体现在数量上的"政策力度"，即在安家费、人才购房补助、健康体检、随迁子女教育等方面的差异。

（2）技能人才需求结构趋同。

从产业布局来看，长株潭产业发展处于明显竞争状态，由于三市产业协同发展间的壁垒较突出且难以打破，短时间内三市竞争超过合作的情况会一直存在，制约着区域间技能人才流动（宋杰，2023）。从技能人才结构供给来看，产业同构造成人才需求同构，在一定程度上带来区域人才无序流动、人才资源浪费、人才开发效益不高等负面效应。因此，强化三市制造业产业的特色培植和错位发展，促使产业结构趋同布局转向差异化的协同发展，是助推长株潭技能人才协同发展需解决的症结。

（3）集聚科教资源合力不足。

一是从制造业与科技、技能人才系统协同来看，长株潭科技与产业的结合度不高。

首先，长株潭技能人才创新开放协同力度不大。一方面，长株潭产学研用平台间协同创新程度需提升，促使高端创新型技能人才在协作发展的层级与深度上提质增效的空间较大,特别是世界知名大学和科研院所与长株潭制造业企业建立紧密联系的机制尚不健全。另一方面,在长株潭一体化发展进程中长沙、株洲、湘潭三市还没有很好地形成互联互通、紧密关联的网络化、数字化、智能化平台,单一、分离的创新平台难以发挥长株潭一体化整合集成效应。技能人才协同信息数据库开发建设相对滞后,技能人才信息互联互通尚未实现,造成技能人才链与制造产业链互动信息不匹配。此外,由于信息不对称,企业与职业院校融合不足,大量科技成果"养在深闺人未识",难以形成有效产出和应用转化。

其次,校企合作的有效模式和良性互动机制尚未形成。一方面,长株潭存在较多高校和企业的科技成果与市场需求未能有效对接匹配的现象;另一方面,真正具有国际竞争力、走在市场前沿的科技创新型企业不多,大部分企业还缺乏支撑引领市场发展的核心技术,或已有的科研成果无法提升转化为占领发展战略制高点的核心技术。

二是从职业教育资源整合来看,优质教育资源共建共享共用机制还不健全。

长株潭三市职业院校与企业分别建立了一些公共实训基地,校企间能较好地利用这些基地为学生实习实训、技能竞赛、企业员工培训提供相应的专业服务,但这些实训基地分散在各校与各地,由不同政府部门实行归口管理。部门实行条块管理,政出多门、各自为政的现象还比较严重,加之公共实训基地资源共用、成果共享、责任共担的机制还不完善,导致无法充分发挥公共财政效能,推进实训基地集约化建设(刘阳,2020)。如隶属株洲市的湖南铁路科技职业技术学院通过校企合作,筹资 3.5 亿元建设了 3.5 km 长的轨道交通综合实训基地,但一墙之隔的隶属湖南省教育厅的湖南铁道职业技术学院从自身发展考虑,也将投巨资建设类似的基地。隶属关系不同,投资主体差异,部门之间成本分摊、利益共享的机制不完善,实训资源没有充分共建共享共用,导致设施重复建设,教学资源得不到有效整合利用,投资效益和产出价值不高。

3. 协同发展单元协作不足:政府主导与市场化配置失衡

党管人才是新时代深入实施人才强国战略的内在要求,其关键在于处理好党管人才与技能人才发展"引用育留"机制的关系、充分发挥市场在技能人才资源配置中的基础性作用,做到用事业成就技能人才、用环境留住技能人才、用机制服务技能人才、用法治保障技能人才权益。目前，长株潭主要通过实施财政扶持优惠政策，在短时间内引聚高层次技能人才，一体化发展效应存在递减风险。从技能人才资源配置情况来看，长株潭技能人才协同发展，既存在地方党委政府对技能人才资源调配的工作抓手不足的困境，也呈现出各地技能人才资源调配行政化倾向问题。具体表现在两个层面。

（1）技能人才资源低效配置。

一方面，各自为政的技能人才政策催生了技能人才竞争无序化。长株潭各地区先后出台了人才新政，多以自身利益为主，引进和培育对象、引进和培育方式均存在较高政策趋同性，偏重高层次技能人才引进，技能人才评价制度、激励制度与保障力度等技能人才体制机制创新方面具有较强政策竞争性，以行政手段主导的低效无序"抢才大战"背离了技能人才资源配置的市场规律，不利于技能人才资源的合理、有效配置。另一方面，技能人才资源出现低效配置甚至错配的现象。在技能人才无序竞争状态下，长株潭各地区基本以抢到人才为目标，主要以技能人才数量为考核指标，较少关注技能人才与城市共生发展的契合性、区域产业协同发展的匹配性，导致技能人才资源空间配置失衡。

（2）在技能人才协同发展推进中促进市场主体发挥作用有限。

长株潭技能人才资源配置中的市场作用受限，较大原因在于技能人才市场能力培育不健全。在长株潭技能人才引聚工作中，政府部门的工作积极性较高，而企事业单位特别是国有企事业单位受人事人才制度改革相对滞后的影响，技能人才引聚工作的积极性、主动性没有得到充分调动。长株潭技能人才市场发育程度整体不高。虽然长沙人力资源服务产业园在衔接三市产业链与人才链、为区域技能人才发展提供精准服务等方面付出了较多努力，但发展根基不深，辐射带动效应有限，而株洲、湘潭的人力资源服务产业园起步晚，集聚发展与供给服务的综合能力不强。

4.体制机制创新较难突破：生态系统与技能人才活力涵养困境

受限于自身发展客观因素的影响，长株潭政策牵引方式以资金牵引为主，多为满足技能人才引进后生活、安居等方面的刚性需求，但从长期来看，城市整体环境、事业发展平台、技能人才的成就感与获得感等才是影响人才去留的关键因素，尤其是高层次科技人才，其集聚具有一定的空间依赖性，也更加关注事业平台带来的发展机遇，而目前技能人才政策普遍对人才更高层次的需求即自我价值的实现关注度不够，对科技创新、金融投资、产学研结合等各类创新要素聚集关注度不高。技能人才生态系统是在特定区域和时间内，各类技能人才、组织及技能人才环境之间所组成的关系系统，由技能人才个体，技能人才群落，培养技能人才的各类组织，组织环境，非生物因素中的政治、经济、社会、科技等因素，以及众多因素间的相互作用关系组成。而技能人才协同发展，在于不断优化技能人才生态，涵养提升技能人才吸引力(曹国平，2020)。但是，从长株潭技能人才协同发展推进情况来看，其生态活力未有效改善，其吸引力提升明显受限。技能人才合理流动与高效集聚问题是技能人才协同发展亟须解决之处。这主要涉及技能人才吸引力提升与技能人才流动机制完善两个方面。

(1)技能人才资源与市场的激活待解决。

从技能人才结构来看，人才供给结构性矛盾较突出。一是引领发展的高端人才的存量短缺。首先，处在行业前沿的战略科学家、科技领军人才和大国工匠仍是稀缺资源。其次，一方面，现行的技能人才难以满足传统制造业智能化改造升级后的需求，特别是复合型创新人才(既掌握生产制造技术和信息化智能化技术的应用本领，还具备较丰富的企业经营管理经验)较为匮乏；另一方面，由于受编制因素影响，加之高职扩招工作推进，各职业院校普遍紧缺专任教师，尤其缺少从企业引进的"双师型"专任教师(刘阳，2020)。二是技能应用型人才层级结构依旧不合理。在技能人才使用梯度上，长株潭普通型技能人才基本满足企业现行需求，而高技能人才供给还是不足。就技能人才发展需求而言，长株潭制造业企业普遍存在青年技能人才流失的现实难题。其原因主要有四个：一是青年技能人才在内陆后发地区的未来发展空间较为局限，工作选择多样性欠佳。二是制造业对青年技能人才吸引力较弱，行业整体薪资竞争力不强，技工晋升空间受限。三是技能人才的社会地位偏低是不争的事实。四是培养提升技术人才、高级技工能力所需周期较长。

(2)影响技能人才流动的障碍待破除。

当前长株潭技能人才流动配置协同制约因素主要表现为三地技能人才薪资待遇差距大与社会福利流转不顺畅。在薪酬待遇方面，长沙收入水平更高，致使长沙人才流向株洲、湘潭工作的意愿不强；在社会福利方面，三市对社会保障福利的转移接续在执行标准、适用条件、范畴认定等方面存在较多的限制，长沙人才流动到株洲、湘潭工作的生活服务保障后续问题难以解决。

第六章

湖南高职教育生态可持续发展质量评价

第一节 湖南高职教育生态可持续发展要素保障(内圈层)质量评价

基于 CSAED 模型，构建以承载力(高职教育环境质量有效改善)、支持力(高职教育规模效益持续扩大)、吸引力(高职教育资源结构不断优化)、延续力(高职教育产出价值充分发挥)、发展力(高职教育投入活力显著提升)5 要素为基础的湖南高职教育生态可持续发展要素保障质量评价指标体系，运用主成分分析法，对承载力、支持力、吸引力、延续力、发展力 5 个子系统开展综合分析，得到湖南高职教育生态可持续发展要素保障质量水平。

一、要素保障质量评价指标体系构建

高职教育生态可持续发展要素保障体系的建构，充分体现了高职教育生态与人的发展、社会发展、环境发展协调统一的需要，有助于提升高职教育资源投入的可持续性、高职教育发展的连续性、高职教育面对压力的韧性，促使高职教育事业发展与当地的经济、社会等各方面相匹配。

高职教育生态可持续发展要素保障指标体系是衡量、监测和评价高职教育生态可持续发展实现程度的必要工具，也是实现整体规划高职教育生态可持续发展体系的一个重要组成部分。以"承载力—支持力—吸引力—延续力—发展

力"(CSAED)为模型,对高职教育生态可持续发展评价指标体系进行系统、深入的调查与分析,结合关于高职教育生态可持续发展评价的研究成果及有关专家建议,根据要素保障体系功能特征,将要素保障体系划分为承载力、支持力、吸引力、延续力和发展力等5个层次,得到高职教育生态可持续发展要素保障评价指标体系的总框架及其子体系指标构成(表6-1)。

表6-1　高职教育生态可持续发展要素保障评价指标体系

子体系	指标类型	单项指标
承载力	提升教书育人整体质量	CC_1——课堂育人满意度 CC_2——课外育人满意度
	优化课程教学水平	CC_3——思想政治课教学满意度 CC_4——公共基础课教学满意度 CC_5——专业课教学满意度
	改善管理和服务工作环境	CC_6——学生工作满意度 CC_7——教学管理满意度 CC_8——后勤服务满意度
支持力	有效巩固规模基础	SC_1——全日制在校生人数 SC_2——毕业生人数 SC_3——就业人数 SC_4——留在当地就业人数
	稳步提升就业和创业创新整体质量	SC_5——就业率 SC_6——毕业生本省就业比例 SC_7——雇主满意度 SC_8——自主创业比例 SC_9——毕业生月收入 SC_{10}——毕业三年晋升比例
	推进校企合作产教深度融合	SC_{11}——理工农医类专业相关度 SC_{12}——到规模以上企业就业人数 SC_{13}——到500强企业就业人数 SC_{14}——企业提供的校内实践教学设备值 SC_{15}——企业兼职教师年课时总量 SC_{16}——年支付企业兼职教师课酬财政专项补贴

续表6-1

子体系	指标类型	单项指标
吸引力	全面提升师资队伍建设	AC_1——生师比 AC_2——双师素质专任教师比例 AC_3——高级专业技术职务专任教师比例
	充分满足教学资源需求	AC_4——教学计划内课程总数 AC_5——线上课程课均学生人数 AC_6——生均校内实践教学工位数 AC_7——生均教学科研仪器设备值
延续力	做大专业技术服务	EC_1——横向技术服务到款额 EC_2——横向技术服务产生的经济效益 EC_3——纵向科研经费到款额 EC_4——技术交易到款额
	做强科技创新服务	EC_5——专利申请数量 EC_6——专利授权数量 EC_7——专利成果转化数量 EC_8——专利成果转化到款额
	做优社会培训服务	EC_9——公益性培训服务时间 EC_{10}——非学历培训项目数 EC_{11}——非学历培训时间
发展力	加大经费投入	DC_1——年生均财政拨款水平 DC_2——年生均财政专项经费 DC_3——生均企业实习经费财政专项补贴 DC_4——生均企业实习责任保险财政专项补贴
	增强师资培育	DC_5——教职员工额定编制数 DC_6——在岗教职员工总数 DC_7——专任教师总数
	扩大国际化影响	DC_8——全日制国(境)外留学生人数 DC_9——非全日制国(境)外人员培训量 DC_{10}——在校生服务"走出去"企业国(境)实习时间 DC_{11}——专任教师赴国(境)外指导和开展培训时间 DC_{12}——在国(境)外组织担任职务的专任教师人数 DC_{13}——国(境)外技能大赛获奖数量 DC_{14}——国际合作科研平台数

在承载力体系中，其功能表现为高职教育环境质量有效改善，主要体现在高职教育显性环境(配套基础设施建设、教学场所治理、实训基地运维等)建设治理能力增强与隐性环境(政策支持环境、社会普及推广、文化感染认同等)保障机制健全，统筹处理好显性与隐性环境中各类资源要素的关系，重点提升显性环境建设质量，构建维持高职教育生态可持续发展运行的保障条件。以提升教书育人整体质量、优化课程教学水平、改善管理和服务工作环境为其评价内容，选取课堂育人满意度、课外育人满意度、思想政治课教学满意度、公共基础课教学满意度、专业课教学满意度、学生工作满意度、教学管理满意度、后勤服务满意度等8个单项指标构成承载力评价指标体系。

在支持力体系中，其功能表现为高职教育规模效益持续扩大，主要体现在高职教育质量的有效提升、集聚规模的可持续性、产教的深度融合等层面：一是通过高职教育内涵式发展，推进技能人才资源在区域间更高质量的优化配置；二是着力提升培育技能人才服务城市经济活力，提升产业结构优化升级的综合能力，为区域经济高质量发展输出高品质技能人才；三是拓展产学研用一体化的作用深度与影响广度，助推高职院校、行业发展、城市经济间"同频共振"。以有效巩固高职教育规模基础、稳步提升学生就业和创业创新整体质量、推进校企合作产教深度融合为其评价内容，选取全日制在校生人数、毕业生人数、就业人数、留在当地就业人数、就业率、毕业生本省就业比例、雇主满意度、自主创业比例、毕业生月收入、毕业三年晋升比例、理工农医类专业相关度、到规模以上企业就业人数、到500强企业就业人数、企业提供的校内实践教学设备值、企业兼职教师年课时总量、年支付企业兼职教师课酬财政专项补贴等16个单项指标构成支持力评价指标体系(表6-1)。

在吸引力体系中，其功能表现为高职教育资源结构不断优化，主要体现在高职教育资源有效整合，提升高职教育培养的技能人才对城市形态和产业结构变化的动态适配性，增强高职教育引领区域经济社会高质量发展的服务能力与影响层次，为高职教育生态可持续发展提供坚实的功能支持。以全面提升师资队伍建设、充分满足教学资源需求为其评价内容，选取生师比、双师素质专任教师比例、高级专业技术职务专任教师比例、教学计划内课程总数、线上课程课均学生人数、生均校内实践教学工位数、生均教学科研仪器设备值等7个单项指标构成吸引力评价指标体系(表6-1)。

在延续力体系中，其功能表现为高职教育产出价值充分发挥，关键在于科创与高职教育、产业的包容协作，主要体现在两个层面：一是着力强化专业技术服务与促进社会培训服务，提升高职教育的科学研究运用水平与技术转化提升能力；二是整体性增强产学研用协同创新水平，提升区域开放共享水平，在补齐科创协同创新开放短板中增强高职教育服务区域经济高质量发展的支撑性作用。以做大专业技术服务、做强科技创新服务与做优社会培训服务为其评价内容，选取横向技术服务到款额、横向技术服务产生的经济效益、纵向科研经费到款额、技术交易到款额、专利申请数量、专利授权数量、专利成果转化数量、专利成果转化到款额、公益性培训服务时间、非学历培训项目数、非学历培训时间等 11 个单项指标构成延续力评价指标体系（表 6-1）。

　　在发展力体系中，其功能表现为高职教育投入活力显著提升，关键在于高职教育投入统筹协调，主要体现在高职院校治理水平全面提升、办学条件改善有效强化与服务制度优化整体推进的系统性支撑作用，实现在政策层面上推动高职教育与投入保障相匹配、与师资能力培育提升相协调、与国际化发展相融合，充分激发技能人才队伍创新创业活力，推动高职教育生态可持续发展迈向更健康的水平。以加大经费投入、增强师资培育、扩大国际化影响为其评价内容，选取年生均财政拨款水平、年生均财政专项经费、生均企业实习经费财政专项补贴、生均企业实习责任保险财政专项补贴、教职员工额定编制数、在岗教职员工总数、专任教师总数、全日制国（境）外留学生人数、非全日制国（境）外人员培训量、在校生服务"走出去"企业国（境）实习时间、专任教师赴国（境）外指导和开展培训时间、在国（境）外组织担任职务的专任教师人数、国（境）外技能大赛获奖数量、国际合作科研平台数等 14 个单项指标构成发展力评价指标体系（表 6-1）。

二、要素保障指标体系的评价分析方法：主成分分析法

1.基本原理

　　1933 年霍特林（Hotelling）提出了主成分分析法。这是一种综合性评价方法，其基本原理是采用降维的方式，将一组相关的变量转为一组不相关的变量，依照方差依次递减的顺序对这些新的变量进行重新排列。数学变换后，使变量的总方差保持不变，让第一变量 F_1 具有最大的方差，命名为第一主成分；

让第二变量 F_2 获得次大的方差，命名为第二主成分。两个主成分之间互不相关，用公式表示就是 $\mathrm{Cov}(F_1, F_2) = 0$。由此类推，经线性变换后，$p$ 个变量可获得 p 个主成分。在 p 个主成分中，某成分方差越大，反映原信息集内容的能力就越强，可通过贡献率的高低表征反映原信息集内容的能力大小。主成分 F_i 的贡献率为 $\lambda_i/(\lambda_1+\lambda_2+\cdots+\lambda_p)$，$\lambda_i$ 是第 i 个变量的特征根，该比值越大，反映出该主成分综合原信息的能力越凸显。在操作应用中，由于 p 个主成分的方差是递减排列，只需依据方差累计贡献率标准确定前几个方差最大的成分，以满足综合评价的实际要求。前 k 个主成分累计贡献率可表示为 $(\lambda_1+\lambda_2+\cdots+\lambda_k)/(\lambda_1+\lambda_2+\cdots+\lambda_p)$。如果该累计贡献率在85%以上，则可以前 k 个主成分作为新的综合指标，以替换初始的所有变量。如此计算可减少变量的个数，致使在处理复杂问题时，易于抓住主要矛盾。

2.确定指标权重的具体步骤

主成分分析方法主要有 6 个基本步骤。

（1）原始数据的标准化处理。

为消除量纲的差异与系统统计的误差，须对初始变量数据进行标准化处理，标准化计算公式为：

$$x_{ij}^* = \frac{x_{ij} - \bar{x}_j}{\sigma_j}$$

其中，x_{ij} 和 x_{ij}^* 分别为数据初始值和标准化值；$\bar{x}_j$ 和 σ_j 分别是第 j 个变量的平均值和标准偏差。

（2）无量纲化后数据的相关系数矩阵的求解。

测算数据表中的协方差 R，数据表已是标准化的结果，因此 R 即数据表的相关系数矩阵。

（3）特征值和特征向量的计算。

依据特征方程 $|R-\lambda_i| = 0$ 计算特征值，求出 λ_1，λ_2，$\cdots$，λ_p，并使其从大到小依次排列，由此求出对应的特征向量 u_1，u_2，$\cdots$，u_p。

（4）贡献率和累计贡献率的计算。

贡献率是指某主成分方差在总方差中的占比。某成分的贡献率可用公式表示为：

$$e_{\mathrm{m}} = \frac{\lambda_i}{\sum\limits_{i=1}^{p} \lambda_i}$$

前 m 个主成分的累计贡献率可用公式表示为：

$$E_{\mathrm{m}} = \frac{\sum\limits_{j=1}^{m} \lambda_j}{\sum\limits_{i=1}^{p} \lambda_i}$$

在操作应用中，以累积贡献率在 85% 以上的成分作为选取主成分的依据。

（5）主成分载荷的计算。

主成分载荷，即主成分与变量间的相关系数。其具体计算公式为：

$$Z_{\mathrm{m}} = \sum\limits_{j=1}^{n} \sum\limits_{i=1}^{p} U_{ij} X_{ij}^{*}$$

（6）主成分得分的计算。

以原指标的线性组合形式表征主成分，即

$$y_k = z_{k1} x_1 + z_{k2} x_2 + \cdots + z_{kp} x_p$$

其中：$k = 1, 2, \cdots, m$。

3. 指标体系的数据收集与整理

（1）数据来源。

考虑到高职教育生态可持续发展内涵的复杂性，以 CSAED 为评价模型，对高职教育生态可持续发展指标体系研究相关文献进行系统梳理，开展实地调查和职业教育、技能人才管理部门访谈，基于高职教育生态可持续发展相关指标数据的可获得性与易量化性，结合高职教育生态可持续发展研究有关专家的建议，确立了高职教育生态可持续发展要素保障评价指标体系的数据来源。基础分析数据主要来源于《湖南统计年鉴 2022》《江西统计年鉴 2022》《山西统计年鉴 2022》《湖北统计年鉴 2022》《河南统计年鉴 2022》《安徽统计年鉴 2022》《湖南省高等职业教育质量年度报告（2022）》《江西省高等职业教育质量年度报告（2022）》《山西省高等职业教育质量年度报告（2022）》《湖北省高等职业教育质量年度报告（2022）》《河南省高等职业教育质量年度报告（2022）》《安徽省高等职业教育质量年度报告（2022）》，个别数据来源于中部六省 2021 年国民经济与社会发展统计公报、2021 年教育事业发展统计公报，并参考了相关政府网站资料(如各省统计信息网、统计局及教育厅网站)及已有的研究成果。

(2)数据标准化。

对已确定的生态评价指标体系,由于选取指标具有不同的量纲,且个别指标变量的方差较大,所以不可直接用以计算。为避免对因子载荷造成较大的影响,本章采用正态标准化法对指标变量的初始数据进行无量纲标准化处理。其中,正向指标数据标准化后数据符号维持不变,逆向指标数据标准化后数据应乘以−1。标准化处理后,数据的初步处理基本完成,可进行下一步的定量分析。

(3)信度分析。

信度分析(reliability analysis)是用于评价指标体系作为测量工具的稳定性或可靠性。具体来说,就是运用指标体系对事物进行测量时,所得到结果的一致性程度。一般用信度系数评价,信度系数越大,表明测量可信程度越高。

本书研究采用信度检验中最常用的 Cronbach 一致性系数(α)来分析信度,一般认为 α 系数在 0.7 以上的指标体系信度较高。

由表6-2可知,标准化指标项的 Cronbach's alpha 值均大于检验值0.7,指标可信度较高,指标数据标准化对指标可信度的影响较大,在评价中发挥重要作用。由指标筛选所构建的湖南高职教育生态可持续发展要素保障评价指标体系,经过标准化处理的数据,可信度高,能客观地评价湖南高职教育生态可持续发展要素保障的发展状况。

表6-2 影响因子信度分析结果

因素	衡量该因素指标	α
承载力	CC_1—CC_8	0.993
支持力	SC_1—SC_{16}	0.882
吸引力	AC_1—AC_7	0.819
延续力	EC_1—EC_{11}	0.855
发展力	DC_1—DC_{14}	0.877
评价体系	CC_1—DC_{14}	0.964

三、湖南高职教育生态可持续发展要素保障体系评价的基础分析

1.因子特征值、贡献率和累计贡献率的计算

对原始数据进行同趋势化与标准化筛选，然后对数据进行 KMO 检验模型与巴特利特球形检验。检验结果显示数据具有相关性，适宜进行主成分分析。对指标体系的各子系统指标变量的基础数据进行主成分分析，根据特征值大于 1、方差累计贡献率大于 85% 的原则，分别抽取多个主成分，承载力、支持力、吸引力、延续力、发展力等 5 个子体系的方差累计贡献率依次为 98.44%、89.38%、89.75%、93.09%、87.59%（表 6-3），这说明每个体系提取的主成分对原始数据的代表性较高，已反映了原始数据的大部分信息。

表 6-3　主成分分析结果

子体系	承载力		支持力		
主成分	F_1	F_2	F_1	F_2	F_3
贡献率/%	52.08	46.36	51.31	23.35	14.72
命名	优化课程教学水平	改善管理和服务工作环境	规模集聚和产教融合	提升就业质量	助力学生成长
子体系	吸引力			延续力		
主成分	F_1	F_2	F_3	F_1	F_2	F_3	F_4
贡献率/%	35.23	29.22	25.30	33.99	24.33	19.01	15.76
命名	提升师资队伍建设	适合学生成长	满足教学资源需求	强化科技创新服务	提升专业技术服务	改善公益培训	优化继续教育培训
子体系	发展力		
主成分	F_1	F_2	F_3
贡献率/%	52.40	17.67	17.52
命名	增强师资培育与国际化影响	加大专项投入	加大财政投入

2. 因子载荷矩阵及公共因子的提取与解释

因子载荷表征了公共因子与原指标变量的相关程度，其绝对值越大，所代表的指标变量的解释性就越好。为更好地解释指标变量，本章采取极大方差旋转，得到旋转因子载荷矩阵、旋转后主因子特征值、方差贡献率，如表6-4、表6-5、表6-6、表6-7、表6-8所示。

（1）承载力分析。

一是对第一主成分 F_1 的解释。对于承载力子体系，通过观察旋转后的因子载荷矩阵（表6-4），可看出第一主成分 F_1 主要由 CC_4、CC_5 决定，即由公共基础课教学满意度、专业课教学满意度等指标决定，其作用在第一主成分 F_1 上的载荷分别为 0.802、0.822。F_1 上的较大载荷反映课程教学水平提升所关联的高职教育配套基础设施建设、教学场所治理、实训基地运维等建设治理能力改善，以及所建构的社会普及推广、文化感染认同等保障机制完善，对维持高职教育环境承载的影响，因而称其为优化课程教学水平因子。

表6-4　承载力子体系载荷得分、特征值、方差贡献率及因子命名

变量	主成分	
	F_1	F_2
课堂育人满意度 CC_1	0.689	0.722
课外育人满意度 CC_2	0.790	0.591
思想政治课教学满意度 CC_3	0.646	0.761
公共基础课教学满意度 CC_4	0.802	0.591
专业课教学满意度 CC_5	0.822	0.563
学生工作满意度 CC_6	0.543	0.835
教学管理满意度 CC_7	0.765	0.623
后勤服务满意度 CC_8	0.672	0.713
特征值	4.166	3.709
方差贡献率/%	52.080	46.360
因子命名	优化课程教学水平	改善管理和服务工作环境

二是对第二主成分 F_2 的解释。第二主成分由 CC_6 即学生工作满意度决定，它作用在第二主成分 F_2 上的载荷为 0.835。F_2 上的主要变量反映了通过改善管理和服务工作环境，形成高职教育生态可持续发展的保障条件，对高职教育环境质量有效改善的作用，因而命名为改善管理和服务工作环境因子。

（2）支持力分析。

一是对第一主成分 F_1 的解释。对于支持力子体系，通过观察旋转后的因子载荷矩阵（表6-5），可看出第一主成分 F_1 主要由 SC_1、SC_2、SC_3、SC_4、SC_{12}、SC_{14}、SC_{15} 决定，即由全日制在校生人数、毕业生人数、就业人数、留在当地就业人数、到规模以上企业就业人数、企业提供的校内实践教学设备值、企业兼职教师年课时总量等指标决定，其作用在第一主成分上的载荷分别为 0.983、0.989、0.975、0.989、0.819、0.815、0.870。F_1 上的较大载荷反映集聚规模的可持续性、产教的深度融合对高职教育生态可持续发展产生的影响，说明 F_1 由规模集聚和产教融合因子构成。

表 6-5 支持力子体系载荷得分、特征值、方差贡献率及因子命名

变量	主成分		
	F_1	F_2	F_3
全日制在校生人数 SC_1	0.983	0.046	0.009
毕业生人数 SC_2	0.989	0.062	0.099
就业人数 SC_3	0.975	0.182	0.114
留在当地就业人数 SC_4	0.989	0.105	0.077
就业率 SC_5	−0.478	0.845	0.049
毕业生本省就业比例 SC_6	0.204	−0.580	−0.764
雇主满意度 SC_7	0.190	0.031	0.943
自主创业比例 SC_8	−0.324	−0.663	−0.248
毕业生月收入 SC_9	0.259	0.955	0.104
毕业三年晋升比例 SC_{10}	0.744	0.623	−0.227
理工农医类专业相关度 SC_{11}	0.675	0.264	0.529
到规模以上企业就业人数 SC_{12}	0.819	0.133	0.452

续表6-5

变量	主成分		
	F_1	F_2	F_3
到500强企业就业人数 SC_{13}	0.720	0.267	0.354
企业提供的校内实践教学设备值 SC_{14}	0.815	-0.407	-0.122
企业兼职教师年课时总量 SC_{15}	0.870	0.400	0.139
年支付企业兼职教师课酬财政专项补贴 SC_{16}	0.486	0.641	0.290
特征值	8.209	3.736	2.356
方差贡献率/%	51.31	23.35	14.72
因子命名	规模集聚和产教融合	提升就业质量	助力学生成长

二是对第二主成分 F_2 的解释。第二主成分由 SC_9 即毕业生月收入决定，它作用在第二主成分 F_2 上的载荷为0.955。F_2 上的主要变量反映了稳步提升学生就业的整体质量给高职教育规模效益持续扩大带来的发展动力，因而称其为提升就业质量因子。

三是对第三主成分 F_3 的解释。第三主成分 F_3 与雇主满意度（SC_7）呈显著的正相关性，它作用在第三主成分 F_3 上的载荷为0.943。F_3 上的较大载荷反映了学生成长与发展质量的总体提升对高职教育质量改善和技能人才队伍活力建设的推进作用，因而命名为助力学生成长因子。

（3）吸引力分析。

一是对第一主成分 F_1 的解释。对于吸引力子体系，通过观察旋转后的因子载荷矩阵（表6-6），可以看出第一主成分 F_1 主要由 AC_1、AC_2、AC_3 等决定，即由生师比、双师素质专任教师比例、高级专业技术职务专任教师比例等指标决定，其作用在第一主成分 F_1 上的载荷分别为0.872、0.848、0.820。F_1 上的较大载荷反映了师资队伍建设的全面提升对高职教育质量保障的支持作用，因而称其为提升师资队伍建设因子。

二是对第二主成分 F_2 的解释。第二主成分 F_2 由 AC_5 和 AC_6 即线上课程课均学生人数和生均校内实践教学工位数决定，它们作用在第二主成分上的载荷分别为0.846、-0.939。F_2 上的主要变量反映了高职教育资源整合与优化能力对技能人才培养质量的影响，因而称其为适合学生成长因子。

表6-6　吸引力子体系载荷得分、特征值、方差贡献率及因子命名

变量	主成分		
	F_1	F_2	F_3
生师比 AC_1	0.872	−0.027	−0.200
双师素质专任教师比例 AC_2	0.848	0.456	−0.013
高级专业技术职务专任教师比例 AC_3	0.820	0.316	0.265
教学计划内课程总数 AC_4	0.339	−0.338	0.821
线上课程课均学生人数 AC_5	0.349	0.846	−0.155
生均校内实践教学工位数 AC_6	−0.095	−0.939	0.326
生均教学科研仪器设备值 AC_7	−0.265	−0.158	0.925
特征值	2.466	2.046	1.771
方差贡献率/%	35.23	29.22	25.30
因子命名	提升师资队伍建设	适合学生成长	满足教学资源需求

三是对第三主成分 F_3 的解释。第三主成分 F_3 主要由 AC_7 即生均教学科研仪器设备值决定，它作用在第三主成分 F_3 上的载荷为 0.925。F_3 上的较大载荷反映了教学资源需求的充分满足对技能人才培育质量改善和队伍活力建设的推进作用，因而命名为满足教学资源需求因子。

(4)延续力分析。

一是对第一主成分 F_1 的解释。对于延续力子体系，通过观察旋转后的因子载荷矩阵(表6-7)，可以看出第一主成分 F_1 主要由 EC_5、EC_6 决定，即由专利申请数量、专利授权数量这些指标决定，其作用在第一主成分 F_1 上的载荷分别为0.996、0.954。F_1 上的较大载荷反映了做强科技创新服务、促进产学研用协同创新对高职教育产出价值充分发挥的影响，说明 F_1 由强化科技创新服务因子构成。

二是对第二主成分 F_2 的解释。第二主成分 F_2 由 EC_3、EC_4 即纵向科研经费到款额、技术交易到款额决定，它们作用在第二主成分 F_2 上的载荷分别为

0.919、0.952。F_2 上的较大载荷反映了提升高职教育服务区域经济高质量发展的技术转化能力对于赋能高职教育的支撑作用,因而称其为提升专业技术服务因子。

表 6-7　延续力子体系载荷得分、特征值、方差贡献率及因子命名

变量	主成分			
	F_1	F_2	F_3	F_4
横向技术服务到款额 EC_1	0.567	0.691	0.076	0.340
横向技术服务产生的经济效益 EC_2	0.846	0.123	0.071	0.508
纵向科研经费到款额 EC_3	−0.047	0.919	0.006	−0.030
技术交易到款额 EC_4	0.166	0.952	0.207	0.118
专利申请数量 EC_5	0.996	0.031	0.065	−0.046
专利授权数量 EC_6	0.954	0.124	0.262	0.071
专利成果转化数量 EC_7	−0.050	0.146	−0.792	0.178
专利成果转化到款额 EC_8	0.731	0.100	−0.323	0.545
公益性培训服务时间 EC_9	0.459	0.465	0.694	0.128
非学历培训项目数 EC_{10}	0.152	0.091	0.028	0.978
非学历培训时间 EC_{11}	−0.012	0.401	0.867	0.192
特征值	3.739	2.676	2.091	1.734
方差贡献率/%	33.99	24.33	19.01	15.76
因子命名	强化科技创新服务	提升专业技术服务	改善公益培训	优化继续教育培训

三是对第三主成分 F_3 的解释。第三主成分 F_3 主要由 EC_9、EC_{11} 即公益性培训服务时间、非学历培训时间决定,作用在第三主成分 F_3 上的载荷分别为0.694、0.867。F_3 上的主要变量反映了强化公益培训效能对高职教育的推进作用,因而称其为改善公益培训因子。

四是对第四主成分 F_4 的解释。第四主成分 F_4 由 EC_{10} 即非学历培训项目数决定,它作用在第四主成分 F_4 上的载荷为0.978。F_4 上的较大载荷反映了

提升继续教育培训发展质量与水平及作用层次与领域对高职教育的影响，因而称其为优化继续教育培训因子。

（5）发展力分析。

一是对第一主成分 F_1 的解释。对于发展力子体系，通过观察旋转后的因子载荷矩阵（表6-8），可以看出第一主成分 F_1 主要由 DC_5、DC_6、DC_7、DC_9、DC_{11}、DC_{12} 等决定，即由教职员工额定编制数、在岗教职员工总数、专任教师总数、非全日制国（境）外人员培训量、专任教师赴国（境）外指导和开展培训时间、在国（境）外组织担任职务的专任教师人数等指标决定，其作用在第一主成分 F_1 上的载荷分别为 0.950、0.985、0.956、0.946、0.933、0.902。F_1 上的较大载荷反映了增强师资培育与国际化影响对高职教育的支撑作用，因而称其为增强师资培育与国际化影响因子。

表6-8　发展力子体系载荷得分、特征值、方差贡献率及因子命名

变量	主成分		
	F_1	F_2	F_3
年生均财政拨款水平 DC_1	−0.268	0.041	0.919
年生均财政专项经费 DC_2	−0.056	0.708	0.657
生均企业实习经费财政专项补贴 DC_3	−0.142	0.982	−0.043
生均企业实习责任保险财政专项补贴 DC_4	0.343	0.631	0.199
教职员工额定编制数 DC_5	0.950	0.013	0.171
在岗教职员工总数 DC_6	0.985	−0.032	−0.130
专任教师总数 DC_7	0.956	0.005	−0.162
全日制国（境）外留学生人数 DC_8	0.847	0.110	0.336
非全日制国（境）外人员培训量 DC_9	0.946	−0.129	0.029
在校生服务"走出去"企业国（境）实习时间 DC_{10}	0.381	0.057	0.830
专任教师赴国（境）外指导和开展培训时间 DC_{11}	0.933	0.102	−0.086
在国（境）外组织担任职务的专任教师人数 DC_{12}	0.902	−0.337	0.100

续表6-8

变量	主成分		
	F_1	F_2	F_3
国(境)外技能大赛获奖数量 DC_{13}	0.671	0.095	−0.447
国际合作科研平台数 DC_{14}	0.666	−0.666	0.209
特征值	7.336	2.473	2.453
方差贡献率/%	52.40	17.67	17.52
因子命名	增强师资培育与国际化影响	加大专项投入	加大财政投入

二是对第二主成分 F_2 的解释。第二主成分 F_2 由 DC_3 即生均企业实习经费财政专项补贴决定,它作用在第二主成分 F_2 上的载荷为 0.982。F_2 上的主要变量反映了专项投入对推动高职教育与投入保障相融合的促进作用,因而称其为加大专项投入因子。

三是对第三主成分 F_3 的解释。第三主成分 F_3 主要由 DC_1 即年生均财政拨款水平决定,它作用在第三主成分 F_3 上的载荷为 0.919。F_3 上的较大载荷反映了财政投入对高职教育投入活力显著提升的推动效应,因而称其为加大财政投入因子。

3. 中部六省主成分得分及加权综合得分

主成分得分是某个样品对不可观测的公共因子随机变量取值的估计。借助主成分载荷系数矩阵,可以得到中部六省的公共因子得分。

6 个样本省份的高职教育生态可持续发展要素保障表现情况将受到上述多个主成分的影响,根据各个主成分对高职教育生态可持续发展要素保障的影响权重,计算样本省份高职教育生态可持续发展要素保障体系的发展水平。以各主成分正交旋转后的方差贡献率为各主成分的权重。

承载力子体系中,两个主成分的权重分别为 0.52、0.46;在支持力子体系中,3 个主成分的权重分别为 0.51、0.23、0.15;在吸引力子体系中,3 个主成分的权重分别为 0.35、0.29、0.25;在延续力子体系中,4 个主成分的权重分别为 0.34、0.24、0.19、0.16;在发展力子体系中,3 个主成分的权重分别为

0.52、0.18、0.18。由此可计算得出每个省的加权因子综合得分，如表 6-9、
表 6-10、表 6-11、表 6-12、表 6-13 所示。

表 6-9　承载力子体系主成分得分及加权综合得分

省份	主成分		
	F_1	F_2	F
湖南	5.15	4.88	5.03
江西	3.85	3.74	3.80
山西	-8.98	-8.24	-8.63
湖北	1.23	1.15	1.19
河南	3.53	3.29	3.42
安徽	-4.79	-4.82	-4.80

表 6-10　支持力子体系主成分得分及加权综合得分

省份	主成分			
	F_1	F_2	F_3	F
湖南	7.25	3.18	3.17	5.51
江西	-3.94	0.68	1.82	-1.78
山西	-12.32	-7.78	-4.19	-9.80
湖北	0.42	4.23	1.93	1.66
河南	11.44	-1.01	0.48	6.38
安徽	-2.85	0.71	-3.21	-1.98

表 6-11　吸引力子体系主成分得分及加权综合得分

省份	主成分			
	F_1	F_2	F_3	F
湖南	5.00	2.83	-0.55	2.73
江西	-1.70	2.02	-2.52	-0.72

续表6-11

省份	主成分			
	F_1	F_2	F_3	F
山西	-1.12	-2.21	0.17	-1.11
湖北	0.88	1.54	-0.77	0.63
河南	-1.82	-2.39	0.30	-1.41
安徽	-1.24	-1.79	3.37	-0.12

表 6-12　延续力子体系成分得分及加权综合得分

省份	主成分				
	F_1	F_2	F_3	F_4	F
湖南	2.44	2.99	3.66	1.49	2.67
江西	-0.21	-1.83	-2.04	1.96	-0.64
山西	-5.41	-4.50	-0.22	-3.77	-3.84
湖北	0.69	3.70	1.32	0.63	1.59
河南	6.05	0.47	0.02	1.37	2.57
安徽	-3.55	-0.83	-2.74	-1.68	-2.36

表 6-13　发展力子体系主成分得分及加权综合得分

省份	主成分			
	F_1	F_2	F_3	F
湖南	4.65	-0.43	3.59	3.41
江西	-2.16	-4.07	-0.76	-2.27
山西	-8.89	0.62	-2.50	-5.69
湖北	-2.60	1.53	-0.47	-1.34
河南	12.19	-1.18	-2.30	6.60
安徽	-3.18	3.52	2.44	-0.70

四、湖南高职教育生态可持续发展要素保障体系的 CSAED 综合评价

1. 承载力子体系评价

湖南、河南和江西的优化课程教学水平因子、改善管理和服务工作环境因子得分均较高（图 6-1），说明三个省份高职教育具有教学和学生服务环境建设上的优势，有着良好的发展基础。近年来，湖南、河南两省着力推进富有特色的高职一流课程建设，在教学内容上加强建设，在教学条件上实施保障，促进其课程教学彰显高职教育的技术技能性与实践应用性。湖南高职院校以校企共建为工作抓手，强化课程标准建设，不断提高课程标准的科学性、规范性、合理性；高职院校举办者持续加大办学投入，专业实践教学条件得以不断改善。2022 年，湖南高职院校教学仪器平均值为 9089.64 万元，生均教学科研仪器设备值为 8715.39 元，新增实训面积 26.3 万 m^2，生均校内实践教学工位数为 0.62 个。山西和安徽的优化课程教学水平因子、改善管理和服务工作环境因子得分偏低，反映了两省没有很好地实施高职教育依托校企合作、产教融合下倡导的课程教学模式；教材建设相对滞后，没有很好地体现产业转型升级的时代要求，部分高职院校教师的教学理念与方法体系也未及时进行调整更新，导致课程教学改革创新较为乏力。特别是在具体教学实践中，依旧以学科为中心的传统教学模式为主导，课堂上多以理论学习为主，车间实习实训为辅，学生对专业技能素养、行业发展需求存在认知不足的问题，而企业对技能人才需求主要体现在技能操作与技术创新上，而两者难以实现有效衔接，导致高职教育培养的技能人才与企业需求匹配度较低。近年来，国家对职业教育进行了类型属性的明确定位，高职教育要提升适应性，必须以实践教学为依托，进一步加强实践教学的系统性建设。

2. 支持力子体系评价

湖南的规模集聚和产教融合因子、提升就业质量因子、助力学生成长因子得分均较高（图 6-1），说明湖南高职教育在办学规模增长、产教融合、学生就业成长等方面发展较为均衡。从目前国家几个主要支持职业教育的政策和项目来看（表 6-14），湖南各项指标在中部六省中均居于前列，这也反映了湖南高职教育整体发展状态较好。近年来，湖南省高职院校紧紧围绕服务乡村振兴战

承载力子体系

- ◆ 优化课程教学水平
- ■ 改善管理和服务工作环境

支持力子体系

- ◆ 规模集聚和产教融合
- ■ 提升就业质量
- ▲ 助力学生成长

吸引力子体系

- ◆ 提升师资队伍建设
- ■ 适合学生成长
- ▲ 满足教学资源需求

延续力子体系

- ◆ 强化科技创新服务   ■ 提升专业技术服务
- ▲ 改善公益培训   ── 优化继续教育培训

发展力子体系

- ◆ 增强师资培育与国际化影响
- ■ 加大专项投入   ▲ 加大财政投入

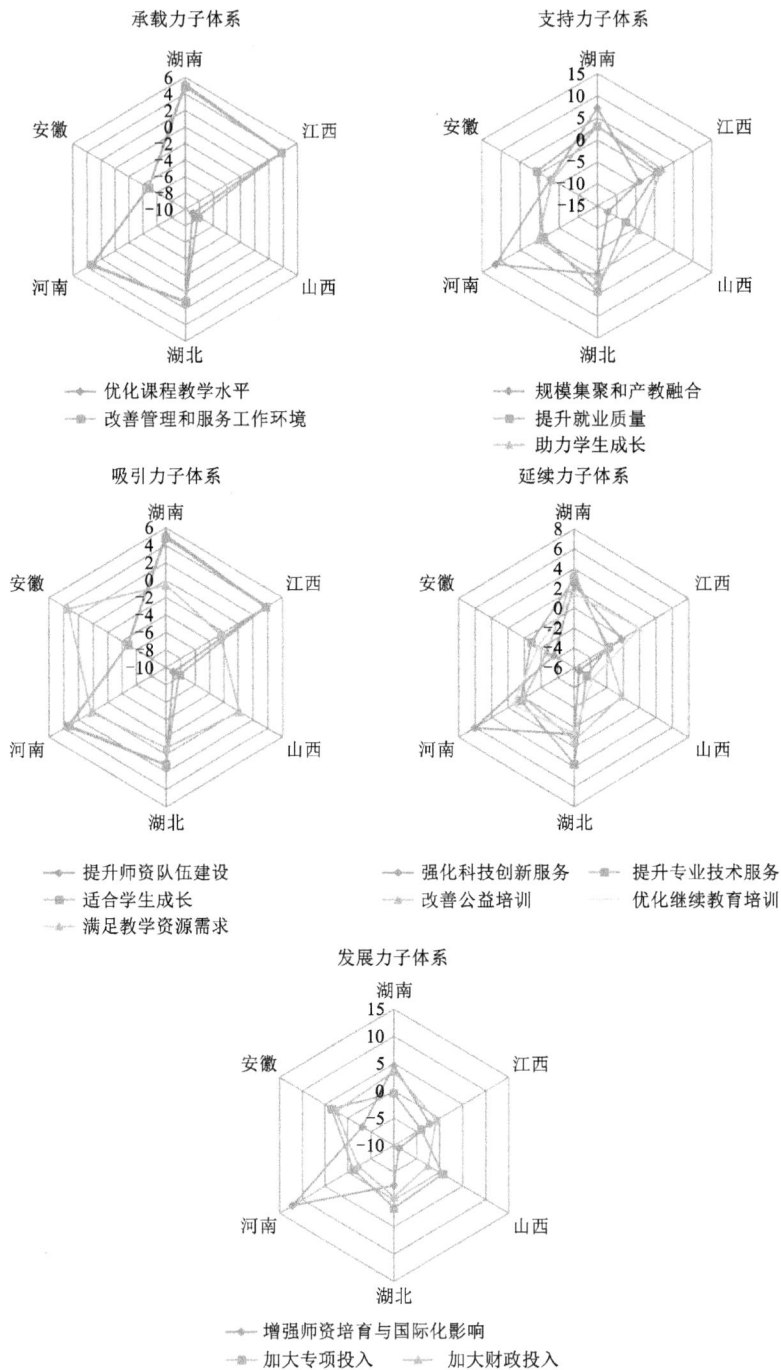

图6-1   中部六省高职教育生态可持续发展5个子体系的主成分得分

略和"三高四新"战略,聚焦全省"一核两副三带四区"区域经济格局,加强新兴专业建设,提高专业集聚度,形成具有湖南特色的专业布局。2022年,湖南省新增专业点119个(其中涉农专业6个),同比增长9.52%,淘汰专业点86个,服务乡村振兴战略与"三高四新"战略的专业点达629个,与省内15所本科院校开展高本衔接的专业28个。湖南省高等职业院校相关专业开设情况及留在当地就业学生规模较高,理工农医类专业相关度(73.91%)为中部六省中最高(表6-15)。湖北、安徽的规模集聚和产教融合因子得分偏低,反映出湖北、安徽高职院校的整体发展水平相对于其科教大省的地位略有失衡,两省高职教育规模居全国前列,但整体质量和综合水平缺乏竞争力[18]。在国家几个主要支持职业教育的政策和项目指标上,湖北、安徽分别有4所和3所国家示范性高职院校,均仅有1所"双高计划"高职院校(表6-14),较缺乏在全国或全行业有较大影响力的高水平高职院校。不管是国家鼓励"举办本科层次职业教育"的政策红利,还是教育部与各省共建职业教育的战略高地计划,湖北和安徽均没能抓住发展机遇,未占有一席之地(朱秋月和马丹,2021)。

表6-14 2021年中部六省高职院校各类国家项目获批情况　　　单位:所

地域	国家示范性高职院校	国家骨干高职院校	本科层次职业大学	"双高计划"高职院校	高水平专业群建设单位	职教改革明显受支持省份
全国	100	100	15	56	141	6
湖南	5	4	1	2	9	1
江西	3	4	3	1	5	0
山西	2	3	1	1	3	0
湖北	4	5	0	1	7	0
河南	4	3	1	1	5	1
安徽	3	4	0	1	4	0

注:职教改革明显受支持省份是指《2021年职业教育改革成效明显拟予激励支持省(区、市)名单》中的省份。

表6-15　2021年中部六省高职院校提升就业质量相关指标情况

省份	留在本省就业人数/人	毕业生本省去向落实比例/%	自主创业比例/%	理工农医类专业相关度/%
湖南	119588	62.05	1.28	73.91
江西	71126	56.42	0.60	68.66
山西	39978	60.66	2.13	50.21
湖北	82506	55.56	0.82	59.99
河南	143074	62.11	0.96	68.48
安徽	81772	59.81	1.02	59.19

数据来源：2022年湖南、江西、山西、湖北、河南、安徽高等职业教育质量年度报告。

由于扩招等因素，湖北省各高职院校在生均占地面积、校舍、教学行政用房、生师比等方面水平均有所下降，办学条件有待提高。高职院校在学校布局、专业结构、人才培养质量方面与湖北经济社会发展匹配度不高等问题仍然存在。湖北省迫切需要建立健全与之相适应的职业教育体系，推动职业教育布局与人口分布相适应、与经济发展水平相匹配、与三大都市圈建设相衔接。下一步，湖北高等职业教育要围绕党的二十大报告提出的职业教育改革任务，立足"三服务"（服务人的全面发展、服务区域经济社会发展、服务国家发展战略）、统筹"三协同"（职业教育、高等教育、继续教育协同创新）、推进"三融合"（构建职普融通、产教融合、科教融汇的现代职业教育体系），不断优化职业教育类型定位。

安徽省高职院校在优质教学资源整合、专业布局结构调整、"双师型"教学团队建设、数字化赋能提升等方面尚有较大的改进与提升空间，要持续推进高职专业结构动态调整优化，加快推进本科层次职业教育发展，加速提升高职院校办学内涵建设，全面提升高职院校关键办学能力，切实增强高职教育适应性。安徽省要以深化产教融合为重点目标任务、推动职普融通为关键运行条件、促进科教融汇为突破新方向，加快构建完善"一体两翼"工作格局，大力推动高职院校与产业园区、重点企业对接协同，大力推动中职高职一体化高质量发展，大力推动中国特色学徒制人才培养实践，为安徽产业发展更加精准、更加高效地提供技术技能人才支持。

山西的规模集聚和产教融合因子、提升就业质量因子、助力学生成长因子得分均较低，说明山西高职院校教学、实训资源存在不足，人才培养与产业衔接不顺畅，学生就业质量有待提升。山西省高职院校相关专业开设情况及留在当地就业学生规模情况并不理想，理工农医类专业相关度（50.21%）为中部六省中最低（表6-15），存在部分专业群建设与产业需求不匹配，忽视了原有行业特色与专业结构适应性、专业设置的同质化，导致部分院校专业特色不够鲜明等问题。高职教育要契合区域经济社会高质量发展，必须结合区域发展实际，适度规划专业招生规模和调整教学内容，以适应区域发展的现实需求。

目前，江西省高职教育与产业统筹融合、良性互动的发展格局还未形成，高职教育服务供给与产业发展需求重大结构性矛盾还未得到有效解决，社会力量参与高职教育的激励政策尚未完全落地，学校、企业合作办学的积极性还不够高，亟须建立健全产教融合机制。以促进技能人才培养供给侧和产业需求侧要素全方位融合为目标，突出地方发展优势和产业特色，加快出台校企合作负面清单制度，鼓励校企大胆探索清单之外的合作办法，鼓励社会力量参与举办混合所有制职业学校、二级学院以及技术服务中心、生产性实训基地等多元化办学实体，努力在打造校企命运共同体上形成良好的长期效应；推进高职教育发展同现代化经济体系和技能型社会建设深度融合，形成教育和产业良性互动、学校和企业优势互补的生态格局。此外，江西省中职、高职通往本科职业院校和普通本科的通道还不够畅通，高水平本科层次职业院校数量不足，职业教育本科招生专业及计划招生人数较少，吸引力不够，影响力不强，亟须建立健全现代职业教育体系。要谋划推动优质公办高职院校升格为本科层次职业学校，在应用型本科高校中开设一批职教本科专业，扩大高层次技术技能人才培养规模，进一步拓宽职业教育的升学途径，打通技能人才的上升通道。

山西提升就业质量因子得分偏低，显示出山西高职毕业生服务于本省区域经济的情况不容乐观，2021年留在本省就业人数为中部六省中最低（表6-15）。一方面，山西校企结合不够紧密的一些高职院校对区域发展和自身定位的科学研判不足，致使其专业设置与当地经济建设联系不紧密，技能人才培养在结构、质量、水平上与产业现实发展要求差距较大。另一方面，部分高职院校技能培养同质化较严重，无法满足企业岗位的真正需求。

3. 吸引力子体系评价

湖南的提升师资队伍建设因子得分较高,河南、江西的提升师资队伍建设因子得分偏低(图6-1),显示出河南、江西高职院校教师队伍的整体结构存在短板。表6-16显示,仅湖南高职院校"双师型"专任教师比例超过了60%,江西、山西、河南、安徽均不到50%。湖南省高职院校师资队伍结构日趋合理,专任教师中高级职称教师占比为31.84%,双师素质教师占比为65.67%,青年专任教师硕士以上学历教师占比为68.15%。而山西师资力量的数量和质量未能同步提高,导致部分院校面临师资力量不足的问题,在新能源、智能制造等新兴职业教育领域尤为明显。另外,受普职比大体相当的政策影响,高职院校招生人数持续上升,但教师队伍的增长不能很好地适应学生人数的增长,2021年,湖南、山西生师比分别达22.21∶1、19.06∶1(表6-16),与教育部18∶1的标准存在一定差距。

表6-16 2021年中部六省高职院校师资队伍建设相关指标情况

省份	生师比/%	"双师型"专任教师比例/%
湖南	22.21	65.67
江西	16.63	46.44
山西	19.06	46.19
湖北	16.30	59.53
河南	16.56	46.17
安徽	16.09	47.61

数据来源:2022年湖南、江西、山西、湖北、河南、安徽高等职业教育质量年度报告。

大部分省份"双师型"教师队伍虽已达到一定规模,但其"职业化"素养不足,还不能很好地匹配职业教育"类型化"的需求。一方面,毕业于普通高校的新教师及部分老教师在教学理念和教学方法上还存在转型的困难。另一方面,能深入了解专业发展的前沿技术、熟练掌握专业发展的最新技术并能直接转化用于教学的教师偏少，且高水平的复合型、创新型教师在高职院校从事教学的为数不多。总体来看，高职院校教师队伍的专业实践能力、社会服务能力还有待提升。要进一步健全高职院校教师引进、培养、评价机制，推动企业工程技术人员、高技能人才和高职院校教师双向流动，校企联合组建高水平、结构化教师教学创新团队，切实加强高职院校高层次人才队伍建设。

4. 延续力子体系评价

湖南的强化科技创新服务因子与优化继续教育培训因子得分较高（图6-1），湖北和湖南的提升专业技术服务因子和改善公益培训因子得分较高，反映出这些省份高职院校产生了一批应用技术研究成果，用于服务国家与本省重大发展战略。近年来，湖南、河南、湖北高职院校立足地方产业需求，开展科技研发与技术咨询服务的力度与广度较大，通过技能人才、技术支持、专项培训、项目咨询等服务供给，较大地拓展了高职教育服务社会能力（张俊平等，2018）。山西和安徽的强化科技创新服务因子和优化继续教育培训因子得分偏低，显示出山西和安徽服务区域产业的能力偏弱。《2021中国高等职业教育质量年度报告》显示，在60所高职院校服务贡献典型学校中，湖北、河南、湖南、江西分别为3所、2所、1所、1所，而山西和安徽未有学校入选，在全国有影响、得到行业企业高度认可的成果偏少。

5. 发展力子体系评价

湖南和安徽的加大财政投入因子得分较高（图6-1），表明这两省激励高职教育创新发展的相关政策、优良的发展环境和逐年提升的财政教育经费，为高职教育高质量发展提供了强大保障。山西、河南的加大财政投入因子得分较低，反映了这两省在高职教育上的财政经费投入不足，致使高职院校发展后劲不足。两省财政拨款基数较低，部门行业支持有限，融资难度较大，致使部分高职院校办学经费不足。高职院校在基础能力建设水平与师资队伍培育、教学设施设备建设等教学需求之间的矛盾较为凸显，一直困扰着其生态可持续发展。由于政府与社会经费投入均不足，部分高职院校举债用于学校建设与发展。安徽的增强师资培育与国际化影响因子得分较低。安徽高职院校大部分是从中职学校发展而来，其师资与相关设备建设条件的承载底子较为薄弱（袁华萍和朱永凡，2019）。而高职院校发展目标聚焦培养大量高质量技术技能型人才，在实践应用教育教学上对资源投入的依赖程度较大，必然要求高职院校采购与产业发展前沿相关的先进教学设备设施，建设一流实训中心，引进与培养高水平"双师型"教师，这些都离不开大量教育经费投入的支撑；加之近年来高职招生规模持续扩张，规模扩张与资源利用的矛盾越发凸显。安徽省高职教育无论是在国际化办学层面上，还是在融入长三角一体化发展过程中，校企合作办学的覆盖面不够广，产教协同融入深度和广度均不够，在服务安徽企业"走出去"与助力招商引资、招才引智上改进与提升空间巨大。安徽省应全面加大政策供给、管理制度创新与经费保障力度，鼓励支持全省高职院校推进国际交流合作与长三角一体化发展，推动安徽高职教育在开放包容、合作办学中进一步凸显安徽特色、构建安徽品牌，为现代化美好安徽建设作出更多、更大贡献。

总体来看，湖南省高职教育质量在中部六省整体格局中发展较为均衡。湖南省高职教育要尽力增强教学的实践性，拓宽产教融合的深度，改善师资队伍中的"双师型"教师比例，优化办学经费投入产出比，以维持高职教育生态可持续发展；通过强化上述重点工作，促使高职教育培养的技能人才结构、规模、质量、效益等适应社会经济高质量发展。

第二节　湖南高职教育生态可持续发展运行条件（中圈层）质量评价

湖南高职教育生态可持续发展运行条件质量评价，主要包括三个层面：一是分析其高职教育生态可持续发展主要指标，探究高职教育单元协作、高职教育资源整合、高职教育环境建设、高职教育界面传递的基本情况；二是深入剖析湖南高职教育界面传递效率和单元竞合效能，揭示其城市空间、产业布局、高职教育的互动特征；三是从人力投入、物力投入、财力投入、直接产出、间接产出等层面构建高职教育资源整合指标体系，开展综合评价。

一、湖南高职教育生态可持续发展运行条件基本情况评价

1. 主要指标分析

（1）高职教育产教结构。

一是毕业生就业总体情况。根据《湖南省高等职业教育质量年度报告

（2023）》，湖南省高职院校 2022 届毕业生 24.57 万人，为近 5 年毕业生数峰值（表 6-17）。全省高职院校 2017—2021 届毕业生去向落实率分别为 92.76%、88.12%、86.33%、77.65%、89.07%（表 6-18），2021 年较 2020 年上升 11.42 个百分点，高出本科高校（含独立学院）应届毕业生就业率 1.16 个百分点。

表 6-17　湖南省高职院校 2018—2022 届毕业生数

毕业年份	2018	2019	2020	2021	2022
毕业生数/人	163997	178889	185651	216371	245652

数据来源：《湖南省高等职业教育质量年度报告（2023）》《湖南省高等职业教育质量年度报告（2022）》《湖南省高等职业教育质量年度报告（2021）》《湖南省高等职业教育质量年度报告（2020）》《湖南省高等职业教育质量年度报告（2019）》。

表 6-18　湖南省高职院校 2017—2021 届毕业生去向落实率

毕业年份	2017	2018	2019	2020	2021
毕业生去向落实率/%	92.76	88.12	86.33	77.65	89.07

数据来源：《湖南省高等职业教育质量年度报告（2022）》《湖南省高等职业教育质量年度报告（2021）》《湖南省高等职业教育质量年度报告（2020）》《湖南省高等职业教育质量年度报告（2019）》。

二是毕业生留在当地就业情况。2022 年，湖南省高职院校毕业生去向落实率为 89.23%，毕业生本省去向落实率为 63.42%。2021 届毕业生本省去向落实率为 62.05%，达到近 5 年峰值（表 6-19）。

表 6-19　湖南省高职院校 2017—2021 届毕业生本省去向落实率

毕业年份	2017	2018	2019	2020	2021
本省毕业去向落实率/%	57.85	58.40	59.25	58.32	62.05

数据来源：《湖南省高等职业教育质量年度报告（2022）》《湖南省高等职业教育质量年度报告（2021）》《湖南省高等职业教育质量年度报告（2020）》《湖南省高等职业教育质量年度报告（2019）》《湖南省高等职业教育质量年度报告（2018）》。

三是对口就业相关度。湖南省高职院校 2022 届毕业生对口去向落实率为 74.86%（表 6-20），毕业生就业相关度较高，疫情期间略有下降。全省高职院校 2017—2022 届毕业生对口去向落实率分别为 83.14%、82.99%、83.23%、74.72%、76.69%、74.86%，毕业生就业相关度较高，且在 2020 年受疫情影响下滑后有所回升。从 2022 届毕业生就业去向看，到西部地区和东北地区就业人数为 0.72 万人，占 3.27%；到中小微企业等基层就业人数为 15.69 万人，占71.58%，到大型企业就业人数为 3.90 万人，占 17.78%。统计数据显示，2021—2022 年到中小微企业等基层就业人数持续增长。

表 6-20　湖南省高职院校 2017—2022 届毕业生对口去向落实率

毕业年份	2017	2018	2019	2020	2021	2022
对口毕业去向落实率/%	83.14	82.99	83.23	74.72	76.69	74.86

数据来源：《湖南省高等职业教育质量年度报告（2023）》《湖南省高等职业教育质量年度报告（2022）》《湖南省高等职业教育质量年度报告（2021）》《湖南省高等职业教育质量年度报告（2020）》《湖南省高等职业教育质量年度报告（2019）》《湖南省高等职业教育质量年度报告（2018）》。

（2）高职教育环境质量。

通过问卷、座谈等方式，调查湖南省高职院校在校生 1117946 人次。数据显示，2022 年湖南省高职院校课堂育人满意度、课外育人满意度平均值分别为96.61%、95.34%，思想政治课教学满意度、公共基础课教学满意度、专业课教学满意度等平均达到 96.89%、96.42%、96.49%（表 6-21），与往年基本持平。

表 6-21　2020—2022 年湖南省高职院校在校生环境满意度情况

年份	2020	2021	2022
课堂育人满意度/%	96.03	96.75	96.61
课外育人满意度/%	94.69	95.75	95.34
思想政治课教学满意度/%	96.29	96.98	96.89
公共基础课教学满意度/%	95.58	96.28	96.42
专业课教学满意度/%	96.19	96.52	96.49

数据来源：《湖南省高等职业教育质量年度报告（2023）》《湖南省高等职业教育质量年度报告（2022）》《湖南省高等职业教育质量年度报告（2021）》。

（3）高职教育规模效益。

一是经费保障。2022 年，湖南省公办高职院校生均财政拨款 13927 元，在学生规模持续增加的情况下，额度较 2021 年略有减少（表 6-22）。全省高职院校（含民办）生均学费 6260 元，与往年基本持平（表 6-23）。全省高职院校举办者总投入 97.40 亿元，较上年增加 8.74%，连续五年保持增长（表 6-24）。

表 6-22　2017—2022 年湖南省公办高职院校生均财政拨款水平

年份	2017	2018	2019	2020	2021	2022
生均财政拨款/元	14372	14127	13973	13992	14185	13927

数据来源：《湖南省高等职业教育质量年度报告（2023）》《湖南省高等职业教育质量年度报告（2022）》《湖南省高等职业教育质量年度报告（2021）》《湖南省高等职业教育质量年度报告（2020）》《湖南省高等职业教育质量年度报告（2019）》《湖南省高等职业教育质量年度报告（2018）》。

表 6-23　2019—2022 年湖南省公办高职院校生均学费水平

年份	2019	2020	2021	2022
生均学费/元	6186	6262	6423	6260

数据来源：《湖南省高等职业教育质量年度报告（2023）》《湖南省高等职业教育质量年度报告（2022）》《湖南省高等职业教育质量年度报告（2021）》。

表 6-24　2017—2022 年湖南省公办高职院校举办者投入情况

年份	2017	2018	2019	2020	2021	2022
举办者投入/亿元	60.95	63.56	79.25	85.55	89.57	97.40

数据来源：《湖南省高等职业教育质量年度报告（2023）》《湖南省高等职业教育质量年度报告（2022）》《湖南省高等职业教育质量年度报告（2021）》《湖南省高等职业教育质量年度报告（2020）》《湖南省高等职业教育质量年度报告（2019）》《湖南省高等职业教育质量年度报告（2018）》。

二是师资结构。湖南省高职院校师资队伍结构日趋合理，2022 年，高职院校生师比为 18∶1，专任教师中高级职称教师占比 29.50%，"双师型"素质专任教师占比 57.42%（表 6-25），青年专任教师硕士以上学历教师占比 56.90%。

表6-25　2020—2022年湖南省高职院校"双师型"素质专任教师比例

年份	2020	2021	2022
"双师型"素质专任教师比例/%	60.54	65.67	57.42

数据来源:《湖南省高等职业教育质量年度报告(2023)》《湖南省高等职业教育质量年度报告(2022)》《湖南省高等职业教育质量年度报告(2021)》。

(4)高职教育资源配置效率。

一是技术服务情况。2022年,湖南高职院校广泛开展科学研究和技术攻关,纵向科研经费到款额为8372.62万元(表6-26),横向技术服务产生的经济效益达135924.43万元(表6-27)。

表6-26　2020—2022年湖南省高职院校纵向科研经费到款额

年份	2020	2021	2022
纵向科研经费到款额/万元	10798.25	8608.50	8372.62

数据来源:《湖南省高等职业教育质量年度报告(2023)》《湖南省高等职业教育质量年度报告(2022)》《湖南省高等职业教育质量年度报告(2021)》。

表6-27　2020—2022年湖南省高职院校横向技术服务产生的经济效益

年份	2020	2021	2022
横向技术服务产生的经济效益/万元	96335.48	107391.90	135924.43

数据来源:《湖南省高等职业教育质量年度报告(2023)》《湖南省高等职业教育质量年度报告(2022)》《湖南省高等职业教育质量年度报告(2021)》。

二是培训服务情况。2022年,全省高职院校充分利用专业和资源优势,积极扩大职业技能培训规模。当年开展非学历培训项目3731项,非学历培训时间达777.18万学时,非学历培训到账经费达35407.96万元(表6-28),公益性培训服务达508.2万学时。

表6-28　2020—2022年湖南省高职院校非学历培训到账经费

年份	2020	2021	2022
非学历培训到账经费/万元	40098.96	43901.20	35407.96

数据来源:《湖南省高等职业教育质量年度报告(2023)》《湖南省高等职业教育质量年度报告(2022)》《湖南省高等职业教育质量年度报告(2021)》。

2.基本情况评价

以共生理论审视湖南高职教育生态可持续发展问题,可描述成高职教育单元协作不足、高职教育资源整合关系及理念不确定、高职教育环境建设薄弱、高职教育界面传递不畅等四个方面。

(1)高职教育单元协作不足。

一是在资源整合过程中,湖南高职教育各单元主体资源整合需求存在不一致现象。这不仅需要省级层面的顶层设计,也要统筹省直部门和各地市政府,同时要统筹各地市及所辖区县,还要统筹高校、园区和相关企业。由于涉及部门多、利益关联复杂,在推进高职教育单元协作过程中统筹协调难度较大。以校企合作办学的资源整合为例,理想状态下是通过企业提供优质实习岗位等资源、高职院校将学生输送至企业一线岗位开展实践的合作方式,实现双向良性协作培养"理论+实践"兼备的高职人才的目标;但在维护个体利益的驱动下,单元主体会倾向于资源的索取而非资源的输出。二是资源整合相关主体的共享系统尚未成熟。虽然国务院办公厅在2017年就印发了关于深化产教融合的文件,教育部等6部委也出台了校企合作促进办法,但从近年湖南及各地市产教融合、校企合作实践来看,由于缺乏国家和省级层面的强力政策法规支持,产教融合、校企合作的实效性和可操作性不强,学生顶岗实习规定、企业员工培训经费标准等政策执行力度不够、刚性约束不足,多数行业企业对参与办学和专业技术人才培养培训的积极性不高,校企合作"剃头挑子一头热"的现象依然存在。

(2)高职教育资源整合关系及理念不确定。

虽然湖南各城市地理位置邻近,文化历史及生活方式有相似之处,但其教育观念和教育发展程度仍存在一定差异。一是在各地高职教育发展进程不一致的现实问题面前,即使有关主体已在某种程度上意识到教育融合的重要性,但高等职业教育资源整合的理念深入每一个单元主体仍需要一定的发展基础和时间沉淀，以突破城市间的高职教育合作障碍。二是湖南高职教育资源整合的实践操作，主要停留在实践实训基地共建共用、师生交流学习及组织师资队伍参与培训等较为简单的合作层面，就学历、学分、学位、技能等级互认互通问题开展高职教育资源共享的具体合作形式仍在探索阶段，共生关系确定的深度有待继续挖掘。长株潭国家产教融合试点城市、国家产教融合实训基地、国家产教融合企业、湖南（株洲）职教科技园等建设水平还不能完全适应"三高四新"战略需求。长株潭高职教育优质资源共建共享，高职院校课程互选、学分互认，实习实训基地、创新创业教育实践基地、实验设备设施、优质教学资源等建设、开放、共享、共用水平还存在差距。

（3）高职教育环境建设薄弱。

湖南高职教育生态可持续发展需要有效的资源集成及共享环境作为保障，以推进形成有效的资源整合机制。从长株潭高职教育一体化发展情况来看，优质教育资源共建共享共用制度、高职教育科研协作制度，以及长株潭三市教育科研、技能人才建设、成果推广运用机制等还不健全。长株潭高职教育一体化设计规划驱动、行动计划实施、条件投入保障力度与成效还有差距。按照高质量发展要求，以学生为中心、成果导向，创新驱动、示范引领的三市高职教育一体化内涵发展还存在差距。教育链、人才链、产业链、创新链、服务链"五链"融合的产教融合、校企合作的水平质量还不高。《长株潭区域一体化发展规划纲要》明确指出，共同发展职业教育，共同创建国家产教融合试点城市，建设国家产教融合实训基地，加快湖南（株洲）职教科技园建设。促进高职教育资源共享，探索推进同层次大学课程互选及教学资源、实验设备设施开放共用，布局建设开放共享的高水平专业实验（实训）室、创新创业教育实践基地。但与此同时，也表明区域发展面临着发展环境的局限。比如有形环境中的学生实训基地就存在建设薄弱的情况。各地高职院校与企业共建的校内实训基地需要多主体的经费、场地、人员支持，但企业要素的投入无法避免形式与深度有限的问题；加之各地高职教育资源的参与需要一定的政策支持，以及存在地域距离上的阻隔，容易削弱参与主体的积极性，这都导致有形环境建设的进程推进困难。校企合作缺乏长效机制。由于企业与高职院校之间缺乏合理的利益分配与风险承担机制，部分成果未能及时转化为生产力，成果难共享、分配不合理等问题时常出现，也阻碍了校企合作的健康发展。

（4）高职教育界面传递不畅。

高职教育界面传递不畅主要体现在高职教育资源整合传递机制的不健全，单元主体的传递通道出现阻隔。湖南高职教育资源整合是一项系统性、动态协调的合作工程，涉及人力资源、物力资源、财力资源等多类资源的联动互通，共生单位资源的传递需要以共生界面为基础进行传输，借助社会组织机构就如何实现资源整合的整体利益最优化形成系统的传递机制。但就当前湖南发展现状来看，以校企合作建设各类高职教育实训基地、实行区域课程学分互认、兄弟学校合作发展为主要形式的高职教育资源整合，仍存在传递机制不健全、传递通道受阻的现实困惑。如，长株潭三市高职院校和企业分别建立了一些公共实训基地，从使用情况来看，校企间能很好地利用基地为高职院校学生实习实训、企业员工培训、技能竞赛与社会培训提供服务，但这些实训基地分散在各校和各地，分散在教育、人社、农业、扶贫等不同部门。由于部门条块管理，政出多门、各自为政的现象还比较严重，加之公共实训基地资源共用、成果共享、责任共担的机制还不完善，导致共建、共享、共用、共管的程度还不高，还不能充分发挥公共财政建设实训基地实现资源集约化、共享的目的。在服务"三高四新"战略实施，促进教育链、人才链、产业链、创新链、服务链加速融合，服务支撑国家重要先进制造业高地和人才创新中心基地等方面还有待加强。

二、湖南高职教育界面传递效率和单元竞合效能评价

长株潭空间格局对于湖南高职教育界面传递和单元竞合有着重要的影响，通过长株潭城市间经济联系和区域竞合关系的综合测度，可以反映该区域城市空间、产业布局、技能人才的互动特征。

1. 空间经济联系分析

城市群是城市化在高级阶段应呈现的一种城镇空间组织形式，只有城市群内不同等级城市间建立较为密切的经济联系，形成有效运行的集散机制，才能促使城市群成为高效的空间组织形式。在城市或区域规划研究中，常通过城市空间结构关联分维数与城市对外经济联系强度的测算，表征城市或区域间的空间联系。

环长株潭城市群 8 市经济联系的研究成果已有很多。王辉（2016）借鉴社会网络分析方法和城市引力模型，以环长株潭城市群 8 个中心城市间的经济联

系为例，对环长株潭城市群经济网络结构进行网络密度、中心度、凝聚子群状
况进行实证研究。魏国恩等（2018）在城市综合质量指标评价体系和可达性分
析基础上，基于空间相互联系、对外服务扩散能力、对内集聚影响力等层面对
2006 年以来环长株潭城市群的空间联系展开了实证分析，研究表明城市群空间
相互作用呈现出以长沙—株洲—湘潭为核心的内心圈层结构，交通科技对城市
空间联系产生的时间压缩效应明显，空间联系网络格局出现进一步扩大的趋
势。汤放华等（2018）在新区域主义理论视角下，借鉴城市引力模型、经济网络
结构模型和比较集中系数的方法，对长株潭城市群区域一体化进行分析，研究
表明长株潭城市群区域一体化水平在不同的时代背景下存在显著差异，其变化
过程呈现出"高—低—高"的"V"字形特征。张佶（2019）从城市群整体实力、经
济人口增长及空间分布特征、城市间的功能性关联三个方面展开分析，评估政
府主导的一体化发展实效，发现在区域性污染治理和生态环境保护方面，政府
主导的方式弥补了市场失灵带来的负外部性，但在产业功能协同上，呈现长沙
主导、仅与株洲保持较高关联度的特征。熊鹰等（2019）从城市群规模效益、距
离效益和空间联系效益 3 个方面出发，运用 ArcGIS 和城市相互作用强度模型
对长株潭城市群和环洞庭湖城市群空间结构效益进行评价比较分析，研究发现
长株潭城市群城市数量、人口规模及用地较小，但其紧凑度及规模效益较高，
城市规模等级结构优势度相对较高，可达性较好，重要城市之间的空间联系较
为紧密。王明和郑念（2019）将湖南省"3+5"环长株潭城市群作为研究对象，运
用引力模型，定量分析 2007—2016 年城市群内部互动关系的演变，观察环长株
潭城市群内部经济协同发展的强度，研究表明核心圈层的长株潭三市协同度逐
年上升，但湘潭与长沙、株洲的引力差距在加大。熊鹰等（2022）以环长株潭城
市群为例，基于时序全局主成分分析法评估城市发展质量，采用修正距离要素
的引力和潜力模型量化城市群的发展状况以及空间联系作用，综合运用 ArcGIS
的反距离插值法和重心转移曲线分析 2005—2019 年环长株潭城市群的 8 个城
市空间联系的时空分异及演化趋势。

　　本书在此选取长株潭城市群核心区为研究对象，采用分形理论对其空间结
构进行研究，并分析该区域不同城市间的对外经济联系强度，解析其空间结构
发育特征，以此测度该区域产业经济布局调整、城镇空间体系、技能人才的协
同状况，进而为有效促发湖南高职教育界面传递和单元竞合活力、切实推进湖
南高职教育生态可持续发展提供有效路径。

（1）空间结构关联分维数的测算。

适度紧凑度是城市群综合效益的体现，城市群紧凑度过高、过低均会妨碍城市群空间有效运行。空间结构关联分维数 D 正是表征城市群空间紧凑度的有效指标。依据分形理论，D 反映的是以任意一个城市为中心，其周边城市分布密度变化的平均状况，揭示了区域空间结构关联程度，体现了空间相互作用强度。D 值一般为 $0 \sim 2$，存在三种形式：一是当 $D \to 0$ 时，表示城市分布集中于一个地区；二是当 $D \to 1$ 时，表示各城市集中到某一条地理线；三是当 $D \to 2$ 时，表示各城市空间分布均匀，以任意城市为中心，其他城市分布密度均等同（王良健等，2005）。

以长沙市区为中心，分别测量出其与其他 11 个地区间的距离（r_i），用以衡量环长株潭城市群核心区空间紧凑度的合理性。依据城市体系空间布局的分形特征理论（陈涛，1995；景志慧等，2021；张宸铭等，2022），求出平均半径 R_s（表6-29），再将点（R，R_s）绘成 ln-ln 坐标图（图6-2）。

表 6-29　长株潭城市群核心区各城镇到长沙市区的距离（r_i）和平均半径（R_s）

城镇	r_i/km	R	R_s/km
长沙市区	0	1	0
长沙县	12.80	2	9.05
望城区	22.40	3	14.90
湘潭市区	37.60	4	22.80
宁乡市	40.80	5	27.36
株洲市区	44.80	6	30.96
湘潭县	47.20	7	33.76
韶山市	51.20	8	36.40
渌口区	60.80	9	39.86
浏阳市	65.60	10	43.13
湘乡市	68.00	11	45.95
醴陵市	80.00	12	49.69

数据来源：公路里程数据由湖南省公路里程地图册获得。

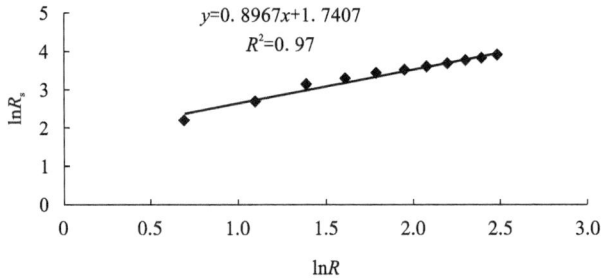

图 6-2　长株潭城市群核心区城市体系随机集聚特征

由图 6-2 可知，基本呈直线分布，表明长株潭城市群核心区城市体系具有较为明显的分形几何特征。进一步计算得到该区域空间结构关联分维数 $D = 1/0.8967 = 1.115$，测定系数 $R^2 = 0.97$，说明核心区城市分布集中程度较高，城市体系的地域分布属集聚型。测算结果表明，核心区各城市空间分布是分形的，且由于值接近 1，说明各城市高度集中于某一地理要素（河流或交通干线）。上述分析与实际情况相符，核心区中近一半城市沿湘江流域呈串珠状分布，且湘江自北向南将长沙县、长沙市区、湘潭市区、株洲市区与渌口区连成一线，其中长株潭市区是核心区中心地带。

（2）进行经济联系强度的测度与分析。

经济联系强度，又称空间相互作用强度，是衡量区域间经济联系程度大小的指标（刘蓉和宋杰，2011），反映了中心城市对周边城市的经济辐射力与周边城市对中心城市辐射力的接受能力。运用经济联系强度衡量核心区空间联系状况，其公式为：

$$E = \frac{\sqrt{p_i v_i \times p_j v_j}}{R_{ij}^2}$$

式中：E 为经济联系强度，p_i、p_j 分别为两地区城市人口，v_i、v_j 分别为两城市生产总值，R 为两城市间距离。根据 2020 年长株潭城市群核心区各地区城市人口与 GDP 的统计数据，计算得出各城市间经济联系强度。

为衡量各城市接受的经济辐射强度，引入经济联系强度隶属度（F_i，$_j$）计算公式：

$$F_{i,j} = \frac{E_{i,j}}{\sum\limits_{k=1}^{n} E_{i,j}} \times 100\%$$

式中：n 代表接受中心城市经济辐射的城市个数。

长株潭三市市区处于城市群核心区增长极部位，发挥着绝对统领与辐射作用；长沙县、望城区、渌口区、湘潭县各自向其邻近的增长极核靠拢，其乡镇发展多是直接受到增长极影响，而非通过次级中心传递；浏阳市地处该城市群东北，与增长极地区交通联系不强，且本身生态环境优越，又有着独特产业文化（鞭炮烟花、生物医药与花卉苗木等）作支撑；韶山市优势源于历史文化因素（红色文化旅游胜地与伟人故乡）；醴陵市盛产陶瓷、鞭炮烟花，且境内金属矿产资源较丰富，其总体情况与浏阳市相似；各种原因综合作用促成了核心区复杂空间组合的外在表现形式。

作为首位城市，长沙市区的总联系强度明显高于其他城市，但除与长沙县联系量较大外，与其他各地区的联系量均偏小（表6-30）。这是因为长沙县距长沙市区最近，其县城星沙镇是长沙市高新技术开发区所在地，几乎成了长沙市区的一部分，加之其第二产业的专业化部门较多，承接长沙市区工业转移的条件最好。此外，长沙市区处于区域集聚效应时期，它的资源要素吸聚的优势，导致了核心区内其他城市资金、技术、技能人才向长沙市区集中，加剧了核心区内部的不平衡。

表6-30　2020年长株潭城市群核心区以长沙市区为中心的各地区经济联系强度占比情况

地区	长沙市区	长沙县	望城区	浏阳市	宁乡市	株洲市区	渌口区	醴陵市	湘潭市区	湘潭县	湘乡市	韶山市
经济联系强度/%	—	65.80	11.92	2.32	4.86	5.04	0.37	0.86	5.67	1.93	0.89	0.26

第二位城市株洲市区总联系强度仅为长沙市区的25.5%，究其原因主要在于两方面：首先，制造业和服务业融合发展质量不高，限制了城市功能提高与对外辐射能力增强；经济外向度偏低（表6-31），私营经济成长环境不佳等限制了跨行政区域的行业集聚与整合。其次，市场化程度偏低、国有经济比重过大等也限制了跨行政区域的行业集聚与整合。主城区经济发展水平有限，并未

达到预期的有机扩散效果，致使新城发展动力相对不足，而城市规模扩张占用的土地及由此带来的基础设施建设，在没有实现其经济社会效益的情况下，反而造成了城市资源浪费。同时由于株洲市区经济发展水平有限，没有实现预期的有机扩散效果，其对渌口区、醴陵市辐射强度低于湘潭县，反映出株洲市区对内带动能力不强(表6-32)。

表6-31   2016—2020年株洲市对外经济贸易情况

年份	进出口总值/亿美元	占湖南省比重/%
2016	17.59	6.54
2017	21.89	6.07
2018	27.46	5.09
2019	29.34	4.67
2020	29.60	4.19

表6-32   2020年长株潭城市群区域核心区以株洲市区为中心的
各地区经济联系强度占比情况

地区	长沙市区	长沙县	望城区	浏阳市	宁乡市	株洲市区	渌口区	醴陵市	湘潭市区	湘潭县	湘乡市	韶山市
经济联系强度/%	28.66	5.19	1.06	3.28	1.89	—	9.08	4.13	33.02	12.49	1.03	0.17

同时，我们发现长株潭城市群核心区经济联系强度分布差异很大(表6-30)，长沙县接受长沙市区经济辐射量过多，导致其他城市所接受的经济辐射太少，经济联系强度分布极不均衡，长沙市区—长沙县的轴线发展限制了周边其他城市发展；株洲市区对重要城镇渌口区、醴陵市的辐射强度明显低于湘潭县，说明株洲市区对内带动能力较弱；湘潭市区对湘潭县的辐射强度很高，但是湘乡市、韶山市接受湘潭市区经济辐射量占辐射总量的比重很低，分化问题凸显。

由图6-3可知，以长沙市区为中心，长沙县、望城区、湘潭市区和株洲市区接受的经济辐射分别占到辐射总量的65.89%、12.22%、6.19%与5.64%，四者占到了辐射总量的89.94%，宁乡市、浏阳市、湘潭县所接受的辐射量比值较小，依次为4.37%、2.12%和1.50%，而其他城市所接受的辐射量比值很小，均低于1.00%。醴陵市与湘乡市所接受的经济辐射量仅占到了0.80%和0.73%，而渌口区与韶山市接受的辐射量更是显得微乎其微。这些都揭示了中心城市对区域经济的带动作用不明显。

根据各地区接受的经济辐射量比值进行回归分析，得到拟合曲线图（图6-3），从城市群核心区各县市空间分布来看，符合幂函数 $y = 79.075x^{-2.194}$ 分布，$R^2 = 0.945$（回归模型通过检验）。从拟合曲线可更明确地看出，株洲市区与湘潭市区所接受的经济辐射强度相当接近，长沙县与排名第二、三位的望城区、湘潭市区差距很大，株洲市区、湘潭市区等级规模均大大超过长沙县，导致"位序-规模"分布不合理。

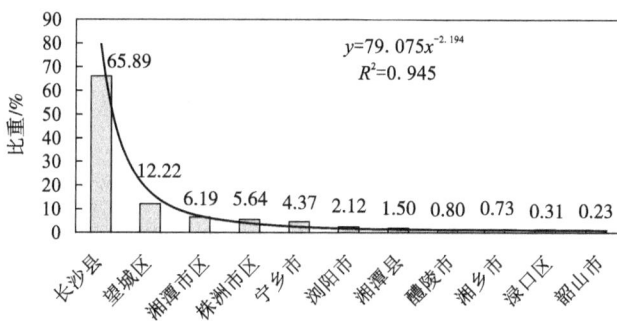

图6-3　以长沙市区为中心核心区的各地区经济联系强度隶属度分布

综上可知，核心区首位城市规模偏小，辐射与聚集能力偏低。首位城市与周边地区基于市场的空间关联不够紧密，"金字塔"式的城市体系与新产业空间模式的城市网络尚未形成。缺乏中小城市的有效支撑，"哑铃"状城市体系直接导致首位城市与周边城镇经济联系不紧密，无法有效带动周边城市发展，同时，致使它无法有效疏散自身传统产业，阻碍其产业结构优化升级。

2020年，以长株潭市区为中心与以长沙市区为中心的各地区相比，经济联系强度分布差异有所缩小（表6-33）；经济联系强度分布相对均衡，但长沙县接受经济辐射量占辐射总量的比重有所上升，达到了74.73%（图6-4），导致其他地区接受经济辐射量太少，仍不利于核心区内经济水平的整体提高。此外，核心区其他地区接受的经济辐射量都有所提升。这种外在经济辐射力的提高，有助于经济腹地城市产业结构优化调整[194]。

表6-33　2020年长株潭城市群核心区以长沙市区为中心的各地区经济联系强度占比情况

年份	地区	长沙市区/%	长沙县/%	望城区/%	浏阳市/%	宁乡市/%	株洲市区/%	渌口区/%	醴陵市/%	湘潭市区/%	湘潭县/%	湘乡市/%	韶山市/%
2020	长沙市区	—	62.81	8.89	2.44	5.48	7.32	0.45	0.99	8.99	1.69	0.73	0.20

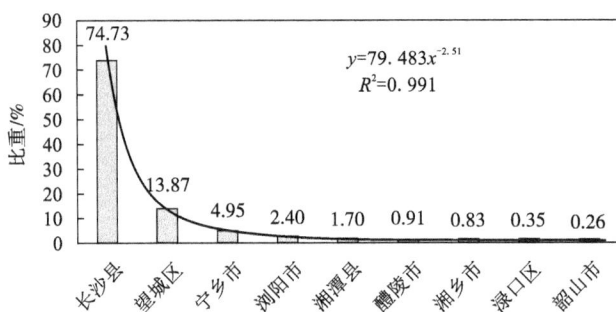

图6-4　2020年以长株潭市区为中心的长株潭城市
群核心区各地区经济联系强度隶属度分布

依据核心区内各地区接受经济辐射总量所占比重值进行回归分析，得到各地区的经济联系强度隶属度与地区位序的指数函数曲线 $y=79.483x^{-2.51}$ 分布，$R^2=0.991$（回归模型通过检验）。由图6-4可知，长沙县接受经济辐射强度过大，是第二位望城区的5.4倍，仍存在"位序-规模"分布不合理的问题。而以长株潭市区为中心的长株潭城市群核心区的综合实力与整体功能仍需提高，空间结构还有待优化。由图6-5可知，经济的辐射能力及周边地区对中心城市经济辐射的接受能力，并不完全遵守随距离增加呈按指数函数 $y=61.43e^{-0.06x}$ 衰减的规律，这说明核心区空间的复杂性程度较高，应强化区域内城市演化过程中的自组织能力，让其空间结构进一步趋向新的有序状态。因此，长株潭市区

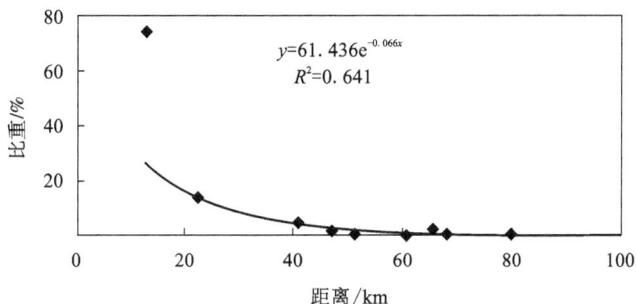

$$y=61.436e^{-0.066x}$$
$$R^2=0.641$$

图 6-5 2020 年以长株潭市区为中心的长株潭城市群核心区
各地区经济联系强度隶属度与距离的关系

应作为一个经济区统一规划，加强相向发展，促使三市建成区在发展过程中彼此接近，有利于发挥集聚效益，节省更多的基础设施建设投资，推进共同构建综合的城市社会经济体系(刘蓉和宋杰，2011)。

　　长株潭市区与邻近城市受距离衰减律作用呈现圈层结构的分异特征。经计算经济联系隶属度，以长株潭市区为中心可划分为四大类型腹地(表 6-34)：长株潭市区与长沙县、望城区经济联系量大(隶属度>5%)，形成以长株潭市区—长沙县—望城区城镇密集区为主体的核心地带，为紧密腹地；宁乡市、浏阳市、湘潭县等城市经济联系量较大(5%>隶属度>1%)，为次紧密腹地；醴陵市、湘乡市经济联系量较小(1%>隶属度>0.5%)，为竞争腹地；渌口区、韶山市经济联系强度很小(隶属度<0.5%)，为边缘腹地。

表 6-34 以长株潭市区为中心对外经济联系腹地空间划分

腹地类型	隶属度	主要范围
紧密腹地	$F_{i,j}>5\%$	长沙县、望城区
次紧密腹地	$5\%>F_{i,j}>1\%$	宁乡市、浏阳市、湘潭县
竞争腹地	$1\%>F_{i,j}>0.5\%$	醴陵市、湘乡市
边缘腹地	$F_{i,j}<0.5\%$	渌口区、韶山市

2.区域竞合关系分析

（1）明确地缘经济关系的理论框架。

地缘经济关系的概念是由卢特沃克提出的，是指经济、政治、地理、文化等要素在不同地区间相互关联性及其对区域经济整体运行的影响（党琴等，2020；梁茂林等，2023）。它的具体应用在于提出跨区域合作领域与运行机制。根据影响的不同方向，它可划分为竞争型关系与互补型关系。竞争型关系是不同地区在自然地理条件、资源状况与经济结构等方面存在相似性而导致这些地区在资金、技术等方面的竞争态势；互补型关系是上述这些方面存在的差异性，促使不同地区通过取长补短，实现共同发展。地缘经济关系的测度分析可借鉴区域经济竞争力理论。区域经济竞争力的核心表现为在经济生产活动中争夺市场与配置资源的能力，即资源转换效率、资本吸引力、产品输出能力。区域地缘经济关系的理论框架可由此设计，如图6-6所示。

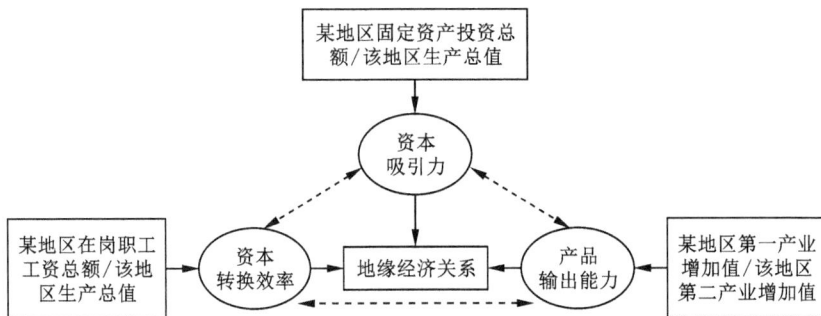

图6-6　地缘经济关系的理论框架

（2）确定地缘经济关系的测度方法。

地缘经济关系分析，是通过指标的选取、数据的测算，进而确定两者之间是竞争关系还是互补关系及竞争或互补的程度，在整体上为实现不同区域经济之间经济合作提供重要的依据。对于地缘经济关系的测度，大多选取欧氏距离来进行（丁洪建和余振国，2008；张亚明等，2012），只是这里的"距离"反映的是地区差异性，且是用经济指标衡量的。"距离"越大，说明地区间差异性越大，互补性表现就越强，"距离"越小，说明地区间差异性越小，竞争性体现越明显。用欧氏距离测度主要包括以下五个步骤。

步骤一是评价指标选取。指标的选取原则是通过数据测算能较准确地度量地缘经济关系，以确定地区间的竞争性或互补性，但是指标有多个，需要进行指标筛选，从中选取最具科学性与代表性的测度指标。我们把选中的指标记为 $X_1 X_2 \cdots X_n$。

步骤二是各指标无量纲化处理。本章采用的是标准化处理指标数据。

步骤三是欧氏距离值（ED）计算。若记 a、b 两地区之间的距离为 ED_{ab}，则其计算公式为：

$$ED_{ab} = \sqrt{\sum_{j=1}^{n} \left(x'_{aj} - x'_{bj} \right)^2}$$

式中：$j = 1, 2, 3, \cdots, n$。

步骤四是欧式距离调整。按照地区间地理位置采用加权处理方法对欧式距离进行处理等。标准化处理公式为：

$$ED' = \frac{ED_i - \overline{ED_i}}{S_i}$$

式中：i 为地区序号，$i = 1, 2, 3, \cdots, n$。

步骤五是依据判别临界值完成对地缘经济关系的判别与评价。ED' 为正，说明两地区为互补性关系，且正值越大，互补性表现越强；若 ED' 为负，则说明两地区为竞争性关系，且负值绝对值越大，表明地区间差异性越小，竞争性表现越明显。

（3）地缘经济关系的测度分析。

依据市场经济发展规律，资金、劳动力与产品总是由相对较多地区转向相对较少地区，也就是由低效率地区流向高效率地区。因此，选取的指标须能概括地反映与衡量各要素在不同区域间的流动性。根据已有研究成果，结合长株潭城市群核心区社会发展实际状况选取以下三个指标，对其地缘经济关系进行测度分析。

$X_1 = $ 某地区固定资产投资总额/该地区生产总值

$X_2 = $ 某地区在岗职工工资总额/该地区生产总值

$X_3 = $ 某地区第一产业增加值/该地区第二产业增加值

式中：X_1 的大小展现了吸引资本能力高低，如果 X_1 较大，则说明该地区吸引资本能力较强,反之,则表示吸引资本能力较弱;X_2是表征某地区劳动效率高低的指标,X_2较大,表示该地区劳动效率较高,X_2较小,表示该地区劳动效率较低;X_3反映的是资源向外地区流动的能力,X_3数值较大,说明该地区工业产品相对较少,对外存在着一定需求,农产品表现出相对丰富,X_3数值较小,说明该地区工业相对较多,向外流动性较强,农产品相对匮乏,存在着较大需求量。

就核心区内 12 个地区 2020 年统计数据进行分析与比较,相关统计数据见表 6-35。对这 12 个地区上述指标进行标准化处理,得到长沙市区与其他地区欧氏距离 ED。

表 6-35　长株潭城市群核心区 12 个地区相关统计数据

城市	固定资产投资/亿元	在岗职工工资总额/亿元	地区生产总值/亿元	第一产业增加值/亿元	第二产业增加值/亿元
长沙市区	4238.80	630.51	6878.21	19.33	2236.50
长沙县	1223.42	255.17	1808.34	87.13	945.20
望城区	935.34	100.29	857.04	56.65	326.44
浏阳市	1402.62	119.33	1493.00	128.75	764.64
宁乡市	1307.17	69.43	1105.92	131.60	466.48
株洲市区	1730.24	214.63	1484.51	32.49	735.13
渌口区	149.20	21.63	150.34	24.78	63.71
醴陵市	543.98	146.37	737.55	71.51	383.77
湘潭市区	752.92	117.07	1244.79	25.54	616.52
湘潭县	323.35	32.88	501.04	68.67	268.86
湘乡市	306.47	33.61	500.24	67.43	247.49
韶山市	101.12	6.81	97.08	7.51	41.93

数据来源:《湖南省统计年鉴 2021》《中国城市统计年鉴(2021)》。

事实上,在运用 SPSS19.0 进行分析时,计算机会生成核心区 12 个地区相互间距离的标准化矩阵(表 6-36)。通过该矩阵,可以任一地区为中心,分析该地区在核心区地缘经济关系。

表 6-36　长株潭城市群核心区长沙市区与其他地区的地缘经济关系

地区	X_1	X_2	X_3	X_1'	X_2'	X_3'	ED	ED'
长沙市区	0.616	0.092	0.009	−1.049	−0.344	−1.454	0.000	0.000
长沙县	0.677	0.141	0.092	−0.788	0.812	−0.721	1.393	−1.032
望城区	1.091	0.117	0.174	1.006	0.249	−0.008	2.582	0.185
浏阳市	0.939	0.080	0.168	0.349	−0.618	−0.053	1.999	−0.412
宁乡市	1.182	0.063	0.282	1.398	−1.019	0.945	3.493	1.117
株洲市区	1.166	0.145	0.044	1.327	0.893	−1.142	2.697	0.302
渌口区	0.992	0.144	0.389	0.578	0.877	1.883	3.908	1.541
醴陵市	0.738	0.198	0.186	−0.525	2.152	0.105	2.989	0.601
湘潭市区	0.605	0.094	0.041	−1.099	−0.288	−1.167	0.297	−2.153
湘潭县	0.645	0.066	0.255	−0.923	−0.952	0.711	2.253	−0.153
湘乡市	0.613	0.067	0.272	−1.065	−0.916	0.860	2.384	−0.018
韶山市	1.042	0.070	0.179	0.791	−0.846	0.041	2.424	0.023

（4）地缘经济关系的测度结果分析。

地区间自然地理距离会对地缘经济关系产生增强或削弱的作用，因而有必要以地区间自然距离的远近，调整 ED 值即赋予不同权重。但就核心区而言，由于该区域客观上存在着较为发达的交通网络。长沙市区周围一小时经济圈涵盖了核心区绝大多数区域，地理位置相对较近，因此对 ED 值赋予相同权重。对 ED 值进行标准化处理后得到 ED′，本章以 ED′值为标准，对长沙市区与周边地区地缘经济关系进行判别。根据 ED′大小，可将已得到的数据按地缘经济关系划分为四类：竞争明显型、竞争一般型、互补一般型与互补明显型。长株潭城市群核心区以长沙市区与其他地区地缘经济关系判别结果见表 6-37。

核心区竞争型城市数量少于互补型城市数量，存在竞争一般型关系，竞争明显型城市少于互补明显型城市数量，互补一般型城市与互补明显型城市数量相当。由此可知核心区地缘经济关系以互补关系为主，且从经济实力上看，竞争关系产生在经济实力相对较强的城市间，互补关系产生在经济实力相对较弱的城市间。

表 6-37　长株潭城市群核心区以长沙市区与其他地区地缘经济关系判别结果

关系类型	ED' 值	包括地区
竞争明显型	$-\infty < ED' \leqslant -0.5$	长沙县、湘潭市区
竞争一般型	$-0.5 < ED' \leqslant 0$	湘潭县、浏阳市、湘乡市
互补一般型	$0 < ED' \leqslant 0.5$	望城区、株洲市区、韶山市
互补明显型	$0.5 < ED' \leqslant \infty$	宁乡市、渌口区、醴陵市

分析竞争型城市可知,长沙市区与长沙县、湘潭市区竞争关系明显。这些地区争抢经济资源,造成重复建设,而影响区域经济合理分工、协调发展的主要原因在于行政区管辖干预过多。湘潭市区与长沙市区属竞争明显型,这是由于长沙市是省会,奠定了长沙市区在核心区的领导地位,在一定程度上使长沙市区处于核心区霸主地位。长沙市区科教发达,经济发展后劲强于湘潭市区,可获得更多城市利益,加上湖南省大力发展长沙市区经济,也会在招商投资方面与周边的湘潭市区形成竞争。

对于互补型城市,应找出互补领域,加强经济交流与协作。以宁乡市为例,随着经济发展,长沙市区人口众多、交通拥挤等城市病征越来越凸显,与长沙市区毗邻的宁乡市正好可为长沙市区减压,大力发展房地产业与物流业,实现资源互补与产业承接,在给长沙市区减压的同时带动自身经济发展。

此外,由于存在行政壁垒,核心区各城市间没有形成良好竞合关系,当务之急就是要打破行政壁垒,以大区域意识引领协调发展,促进整个区域经济发展。其次,核心区各城市应有合理的城市职能定位,形成良好的产监分工,促使互补型城市发挥其资源优势。

3. 城市空间、产业布局、技能人才的互动特征

(1)综合分析。

从区域经济空间布局看,长株潭产业、技能人才和城市的不均衡发展格局待破解。人口流动、经济联系和区域竞合的不均衡致使城市空间和产业布局的互动不足,影响技能人才区域内大循环,对湖南高职教育界面传递效率和单元竞合效能的整体提升造成一定程度的阻碍。

一是城市间人口流动不均衡。根据第七次全国人口普查数据，长沙市、株洲市、湘潭市常住人口较 2019 年分别增加 165.35 万人、减少 12.58 万人、减少 15.58 万人，长株潭三市人口总体增长为 137.19 万人，约为长沙市的 80%。长沙市人口规模迅速扩张，一定程度上虹吸了株洲市和湘潭市的人口。

湖南省内人口流动方向受长株潭城市群建设重点的影响，其流动趋势基本与城市群发展趋势保持一致，均以东部地区(尤其是长株潭城市群)为核心，呈现向东部地区集聚的特征。2019 年，长沙市、株洲市、湘潭市、岳阳市、衡阳市省内流入人口规模达 167.11 万人，其中长株潭三市的省内流入人口规模达 139.17 万人，占省内流动人口规模总量的 68.80%、已成为省内流动人口的主要方向。跨省流入人口的方向集中于长株潭地区，其中主要目的地为长沙市，长沙市 2019 年跨省流入人口规模达 14.23 万人，占全部跨省流入人口规模的 40.49%，而包含长株潭三市在内的长株潭地区跨省流入人口规模总量达 19.90 万人，占全部跨省流入人口规模的 56.61%。

在长株潭城市群中，除长株潭三市外，岳阳市跨省流入人口规模达 2.75 万人，占比 7.81%，与其他地市州相比，岳阳市的跨省人口流入现象更为明显。娄底市、益阳市跨省流入人口规模均小于 1 万人，对省外人口的吸引力相对较弱。

跨地市州人口流动模式主要为各地市州人口集中流入长沙市。2019 年各地市州省内人口流动格局，长沙市省内流入人口规模达 109.40 万人(占省内流动人口规模比例达 45.04%)，已远远超过第二位株洲市(省内流入人口规模 21.71 万人，占比 8.94%)及其他地市州，成为省内流动人口的集聚中心。

包括长沙市在内的东部各地市州的省内流入人口规模整体高于中西部地市州，省内人口存在由西向东的流动特征。除长沙市吸引了大量省内流动人口外，株洲市(省内流入人口规模 21.71 万人，占比 8.94%)、郴州市(省内流入人口规模 15.68 万人，占比 6.46%)、岳阳市(省内流入人口规模 14.58 万人，占比 6.00%)、衡阳市(省内流入人口规模 13.36 万人，占比 5.50%)等东部地市州的省内流入人口规模也高于西部各地市州，省内人口向东流动特征明显。

从全省省内人口流动的空间结构上看，长沙市"一枝独秀"的局面更为明显。长沙市(包括各市辖区、长沙县、宁乡市、浏阳市)已成为各地市州省内流动人口的集聚中心，吸引了省内的大部分流动人口。

长株潭三市中，长沙市辖区仍为流动人口的集聚中心，2019 年长株潭三市范围内长沙市辖区流入人口规模达 257.35 万人，而株洲市辖区流入人口规模为 18.60 万人、湘潭市辖区流入人口规模达 19.53 万人，仅为长沙市辖区的 7.23%、7.59%。同时长株潭城市群作为全省城市群发展核心，株洲市、湘潭市内的县市流入长沙市的人口规模占其省内流入人口规模总量比例分别达 59.96%、56.18%，流入各自中心城市的人口规模占比分别达 14.08%、17.70%，总体来看，其人口流动格局仍以流向长沙市及本地市州内部的流动人口集聚为主，对其他地市州的流动人口吸引力较弱，未能完全发挥对长沙市的人口分流作用，长株潭城市群一体化发展仍需进一步推进。

各地市州中心城市的常住人口规模增长主要来源于机械增长，而除中心城市外的各县市常住人口增长中的自然增长影响更为明显。长株潭三市、衡阳市、娄底市等市辖区内自然增长占常住人口变化量比例均小于 25%，仅怀化市、常德市辖区内自然增长占比较高。

另外，株洲市、湘潭市两市由于受长沙市的"虹吸"作用，也出现跨省流入人口逐年下降趋势。从空间分布上看，省内人口流动始终以长沙市作为流入中心，长沙市对全省人口的吸引力不断增强。其中，长沙市对岳阳市、益阳市、常德市的影响力维持较高水平，岳阳市、益阳市、常德市三市流入长沙市的流动人口规模总量由 2014 年的 34.51 万人(占三市跨地市州流出人口总量比例达 48.37%)增长至 2019 年的 39.67 万人(占三市跨地市州流出人口总量比例达 56.84%)。

从人口流动空间结构与城市群发展来看，长株潭城市群始终为省内流动人口集中流入的区域。长株潭三市 2014 年接收省内流入人口规模总量占比达 52.85%，2019 年接收省内流入人口规模总量占比达 57.30%，历年来始终保持 50% 以上水平，成为省内流动人口的集聚中心。

长株潭城市群内部存在发展不平衡现象。长沙市的极化效应不断增强，地区一体化程度有待提升。长株潭地区内，株洲市、湘潭市与长沙市的省内人口流动特征差异明显，长沙市省内流入人口规模增加了 18.2%，而株洲市 2019 年省内流入人口规模相较 2014 年同比降低 47.2%，湘潭市则呈现人口净流出的特点。在长株潭三市经济一体化过程中，在长株潭三市地域交界处形成工业区与经济区，吸引着一部分流动人口由核心城市转向城际地区，缓解了核心城市人口膨胀的压力。这是长株潭城市群流动人口分布的一个趋势。

二是城市间经济联系不均衡。在长株潭城市群核心区中，作为首位城市，长沙市区总联系强度明显高于其他城市，与长沙县联系强度较大（表6-30），与株洲市区和湘潭市区联系强度均偏小（表6-30）。可见，长沙市区对株洲市区和湘潭市区的"虹吸效应"大于"辐射效应"，不断吸引包括株洲市区、湘潭市区在内的周边地区资源。长株潭三市各自产业发展重心涵盖大部分战略性新兴产业或现代服务业，均以先进装备制造、电子信息、生物医药、新能源、新材料等为招商引资重点，导致产业结构高度趋同，即产业同构。产业同构造成技能人才需求同构，长株潭三市在智能制造、新一代信息技术、新材料、汽车等领域的技能人才竞争激烈，互挖墙脚屡见不鲜，致使技能人才无序流动、资源浪费、效益不高，加之优质高职教育资源向区域中心城市集聚，技能人才流动呈现明显的非均衡性。

三是区域竞合关系不均衡。较为相似的经济地理特征致使长株潭经济结构凸显趋同化问题，长沙县、湘潭市区与长沙市区均属竞争明显型关系（表6-37），产业融合发展间的壁垒较突出，对技能人才协同发展造成较大程度的制约。优质技能人才资源主要聚集在长沙，株洲和湘潭呈现制造业人才数量与质量的双重缺口；区域内这些人才层次不优和创新力不足的现象，制约了制造业人才流动在区域的大循环。因此，加强区域产业发展的错位与协同，驱动产业布局由地区竞争性、排他性增长转向更高质量的协同发展，是加快推进长株潭技能人才协同发展需解决的症结。

（2）基于空间经济联系优化的分析。

基于长株潭城市群核心区经济联系强度测算结果，核心区经济联系强度扩散呈现如下空间特征：一是中心城市经济辐射能力与周边地区对中心城市经济辐射的接受能力并非完全遵循随距离增加按指数函数衰减的规律；二是梯度扩散与城市等级结构密切相关，城市等级规模小，对经济辐射的接受能力弱，可能会产生跃迁现象。因此，应重视调整区域城镇等级与发展适度规模的次中心城市，提升整体网络功能，通过区域协作整体推进长株潭城市空间、产业结构、技能人才协同发展。

长株潭城市群核心区城镇空间结构已进入由集聚向扩散的过渡阶段，这是因为该区域增长极核形成与轴线发展已具备一定基础，在先进制造业、高端第三产业继续向极核城市集聚的同时，传统产业活动已慢慢向次中心城市与小城镇扩散，但是产业结构演变与城镇空间发展的协同状况尚未形成，在将来有可能限制长株潭城市群的持续、快速、健康发展。因此,依据核心区经济联系强度的特征与各城市经济隶属度分布规律,可从以下三个方面优化城市网络体系,以实现区域产业结构、空间结构、技能人才供给结构的协同发展,推进区域空间资源的健康配置。

一是做强做大中心城市,加速中心都市圈的发展,强化其主导地位,提高对整个城市群的辐射带动作用。中心都市圈为长株潭城区组团,属于核心区发展第一层次,也是区域协作、城市建设、生态保育与基础设施协调的关键,应实行长株潭都市圈一体化发展。作为龙头城市,长沙市区城市功能较为完善,城市化发展动力强劲,但居住条件与消费结构均有待提升。其今后的发展重点应以提高国际化程度与发展总部经济为突破口,高度重视发展面向生产的现代服务业(特别是金融保险、信息咨询等),吸引更多的省内外与国内外大企业进驻长沙,为省内外企业发展和高技能人才引育提供全方位的优质服务。作为次中心的株洲市区与湘潭市区,城市发展基础较好,科技实力与技能人才资本优势较为明显,社会资本也较为雄厚,但其经济外向型程度偏低,应进一步提高城市辐射带动能力,加快产业结构调整,利用科技资源优势,依托其自身及周边先进制造业基础,加快有效服务于城市群"两型"高端制造业的生产性服务业集聚发展,形成集聚示范区,促使其自身成为城市群乃至湖南的制造业供应链管理中心。株洲市区要发挥全国交通枢纽的独特优势,着力发展大流通产业与交通运输及仓储等生产性服务业,湘潭市区要继续挖掘新的第三产业增长点,扩大生产性服务业规模及提升其高端性,通过产业链的衔接与延伸实现与周边联系发展的目的。

二是统筹规划集散的空间格局。基于区域市场容量、投资供给与合理资源开发的充分考虑,开展核心区三次产业、基础设施、人口分布等综合部署,促使其产业空间演变符合可持续发展的客观规律。依据各地区发展特色,在中心都市圈中,长沙市区是区域金融、信息、服务中心,文化创意产业、文化休闲产业中心,旅游集散地;株洲市区是区域交通枢纽中心与先进制造业基地;湘潭市区是区域旅游业基地与先进制造业基地,应加强中心都市圈金融资本、商贸物流、技术信息与决策功能集聚,同时促进其本身资金、制造业、技能人才及部分高新技术产业向重点城镇(望城区、浏阳市、宁乡市、醴陵市等)扩散。

三是发展长株潭三市内部小城镇,促进大中小城市与小城镇建设协调发展。目前长株潭三市规模偏小,容纳能力有限,易产生拥挤成本,阻碍中心城市功能有效发挥。中小城市与小城镇发展不足，是核心区发展的主要问题之一。加强长株潭三市内部小城镇建设，可有效促进农村城市化，相应扩大长株潭都市区域规模，增强长株潭三市空间容纳能力。可选择区位优势较明显、经济基础较好、人口较为密集及设有交通干线与链接枢纽的一些中小城镇作为重点扶持对象，让这些有条件崛起的城镇形成一个个新的节点，发挥它们在产业组织结构、城镇空间结构、技能人才供给结构协同发展中的关键作用，进而带动周边地区更好发展。

（3）基于区域竞合关系优化的分析。

基于长株潭城市群核心区地缘经济关系的测度结果，给出以下实施策略，以完善长株潭城市群核心区竞合关系，推进区域空间、产业、技能人才的健康配置。

首先，要树立区域意识，破除阻碍技能人才资源配置的体制障碍。长株潭核心区各政府必须进一步解放思想，树立大区域意识，要充分认识到地方经济发展群体性、交互性与协同性，自觉在更广范围与更深程度上参与区域技能人才竞争与合作，完善协调机制，并在产业分工布局、产品及要素市场构建、投资准入、基础设施建设、环境保护、经济运行等方面实现产才互动发展，全面提升区域经济竞争力。完善统一开放的技能人才市场体系，要求核心区各政府在竞合过程中大力培养商品市场与要素市场，取消妨碍技能人才自由流动的体制性、政策性限制，提高技能人才市场组织化、专业化、信息化程度。

其次，长株潭三市市区周边地区，应抓住增长及扩散效应带来的机遇，以承接长株潭三市市区的产业扩散为基础，结合自身资源优势，促使技能人才在区域充分流动和在产业间合理配置，推进长株潭技能人才协同发展。长沙县、宁乡市应发挥靠近长株潭三市市区的区位优势，改善投资环境，吸引高新技术扩散，积极引进成果，大力发展电子信息、装备制造、会展及休闲业，形成长株潭城市群的先进制造配套产业基地；醴陵市、浏阳市应依托现有产业基础，推进产业结构转型与布局优化。韶山市应充分依托旅游资源的优势，大力发展旅游、物流等产业。渌口区、湘潭县、湘乡市应以产业的整合为手段，打造具有较强竞争力的大型企业，在各城市间形成差异化发展的功能定位，实现产业健康分工，促进核心区内良好竞合关系的形成，实现"技能人才资源充分流动、智力合作开放共享、城产才互动融合"的良性循环。

最后，应建立补偿机制，消解技能人才社会保障福利的区域间转移接续相关问题，实现区域良好竞合。株洲市、湘潭市在为长沙市发展做出巨大贡献的同时，损害了它们自身的利益。因此，应建立区域利益补偿机制，补偿某些地区为了区域内整体利益提升所做出的牺牲。为实现区域良好的竞合关系和技能人才协同发展，利益补偿机制应规范化和公平化。如果利益分配未得到合理优化，地方政府就应采用利益补偿机制对区域利益进行再次分配，促使利益分配达到一种较公平状态。

三、湖南高职教育资源整合评价

资源整合是指在资源有限的情况下以合理的方式把资源分配到社会的各个领域中去，以实现资源开发利用率和收益最大化（管和疆等，2009）。在高职教育领域内，国内学者主要研究高职教育资源的投入与产出问题，进而评价高职教育资源整合效率的现状。

1. 指标选择及数据来源

（1）指标选择。

在对中部六省高职教育资源整合效率进行评价前，应建立一套较合理的投入产出指标体系。高职教育投入是指投入高职教育领域中用于培养各种技能人才的资源总和，既包括财政投入，也包括其他与其相关的资源消耗。基于此概念，并结合中部六省高职教育发展的特点，本书将中部六省高职教育投入指标划分为人力投入、物力投入、财力投入。

在人力投入（师资培育）方面，教师作为教育者，在教学中起主导作用，而高职教育的教师不仅要具有相关专业技能，还要拥有较高的综合素质，《关于深化现代职业教育体系建设改革的意见》中更是强调了双师素质专任教师在高职院校中的重要性，双师素质专任教师是针对高职教育的规律、特点、培养目标等提出的对专业课教师的特殊要求，也是高职院校教师素质的特色所在（管和疆等，2009；江长州和陈志敏，2021）。根据国内相关研究，双师素质专任教师主要指既具备良好的教师职业素质，又兼备专业相关理论知识和技能的教师，双师素质专任教师比例是师资队伍建设的一个重要结构指标。我们将双师素质专任教师作为衡量高职教育人力投入的重要指标之一。因此，最终选择专任教师数、生师比、双师素质专任教师比例、高级专业技术职务专任教师比例等作为测度中部六省高职教育资源整合效率的人力投入指标（表6-38）。

表 6-38　中部六省高职教育资源整合效率评价指标体系

一级指标	二级指标	三级指标
投入体系	人力投入（师资培育）	IS_1—专任教师数
		IS_2—生师比
		IS_3—双师素质专任教师比例
		IS_4—高级专业技术职务专任教师比例
	物力投入（办学资源）	IS_5—生均教学科研仪器设备值
		IS_6—企业提供的校内实践教学设备值
	财力投入（经费保障）	IS_7—年生均财政拨款水平
		IS_8—年生均财政专项经费
		IS_9—生均企业实习经费补贴
		IS_{10}—生均企业实习责任保险补贴
产出体系	直接产出（学生数量）	PS_1—毕业生人数
		PS_2—毕业生就业人数
		PS_3—毕业生留在当地就业人数
	间接产出（学生质量）	PS_4—就业率
		PS_5—理工农医类专业相关度
		PS_6—自主创业比例
		PS_7—月收入
		PS_8—雇主满意度

在物力投入（办学资源）方面，办学资源既是高职院校发展的前提条件，也是高职院校发展的外显表现，在一定程度上映射出高职院校的办学能力和物力投入水平。因此，在物力投入方面，将生均教学科研仪器设备值、企业提供的校内实践教学设备值等作为衡量中部六省高职教育资源整合效率的物力投入指标（表 6-38）。

在财力投入（经费保障）方面，将年生均财政拨款水平、年生均财政专项经费、生均企业实习经费补贴、生均企业实习责任保险补贴等作为评价中部六省高职教育资源整合效率的财力投入指标（表 6-38）。

在高职教育体系中，毕业情况和专业与产业相关度是衡量高职教育产出的良好的标准,但是考虑到高职教育的"职业性"和"技术性",在对其产出进行评价时既要考虑领域内普遍认可的显性的评估指标,也要考虑在高职教育这两点特殊性背后的隐性指标。基于此,将衡量中部六省高职教育产出的指标分为直接产出(学生数量)和间接产出(学生质量)两个方面。在直接产出方面,选择毕业生人数、毕业生就业人数、毕业生留在当地就业人数作为基本产出指标。在间接产出方面,选择就业率、理工农医类专业相关度、自主创业比例、月收入、雇主满意度作为基本产出指标。由此构建出中部六省高职教育资源整合效率评价指标体系(表6-38)。

从表6-39可知,标准化指标项的克隆巴赫系数值均大于检验值0.7,指标可信度较高,指标数据标准化对指标可信度的影响较大,在评价中发挥重要作用。由指标筛选所构建的湖南高职教育资源整合的评价指标体系,经过标准化处理的数据,可信度高,能客观地评价湖南高职教育资源整合的发展状况。

表6-39　影响因子信度分析结果

因素	衡量该因素指标	克隆巴赫系数 α
投入体系	$IS_1 \sim IS_{10}$	0.889
产出体系	$PS_1 \sim PS_8$	0.798
评价体系	$IS_1 \sim PS_8$	0.861

(2)数据来源。

数据主要来源于《湖南统计年鉴2022》《江西统计年鉴2022》《山西统计年鉴2022》《湖北统计年鉴2022》《河南统计年鉴2022》《安徽统计年鉴2022》《湖南省高等职业教育质量年度报告(2022)》《湖南省高等职业教育质量年度报告(2022)》《江西省高等职业教育质量年度报告(2022)》《山西省高等职业教育质量年度报告(2022)》《湖北省高等职业教育质量年度报告(2022)》《河南省高等职业教育质量年度报告(2022)》《安徽省高等职业教育质量年度报告(2022),个别数据来源于中部六省2021年国民经济和社会发展统计公报、2021年教育事业发展统计公报,并参考了相关政府网站资料(如各省统计信息网、统计局及教育厅网站)及已有的研究成果。

2.湖南高职教育资源整合评价的基础分析

（1）因子特征值、贡献率和累积贡献率的计算。

首先对原始数据进行同趋势化与标准化筛选，然后对数据进行 KMO 检验与巴特利球体检验。检验结果显示数据具有相关性，适宜进行主成分分析。对指标体系的各子系统指标变量的基础数据进行主成分分析，根据特征值大于 1、方差累计贡献率大于 85% 的原则，分别抽取 3 个主成分，高职教育投入和产出两个体系的累计方差贡献率依次为 88.81%、88.12%（表 6-40、表 6-41），这说明每个体系提取的主成分对原始数据的代表性较高，已反映了原始数据的大部分信息。

表 6-40　投入指标体系载荷得分、特征值、方差贡献率及命名

变量	主成分		
	F_1	F_2	F_3
IS_1—专任教师数	0.014	−0.055	0.907
IS_2—生师比	0.712	−0.375	−0.261
IS_3—双师素质专任教师比例	0.945	−0.094	−0.168
IS_4—高级专业技术职务专任教师比例	0.938	0.231	−0.112
IS_5—生均教学科研仪器设备值	−0.242	0.915	−0.195
IS_6—企业提供的校内实践教学设备值	−0.111	−0.097	0.976
IS_7—年生均财政拨款水平	0.633	0.126	−0.672
IS_8—年生均财政专项经费	0.342	0.855	−0.212
IS_9—生均企业实习经费补贴	0.097	0.933	0.094
IS_{10}—生均企业实习责任保险补贴	0.851	0.305	0.293
特征值	3.604	2.763	2.514
方差贡献率/%	36.04	27.63	25.14
因子命名	师资结构优化	物力财力综合保障	人力物力协同改善

表 6-41 产出指标体系载荷得分、特征值、方差贡献率及命名

变量	主成分		
	F_1	F_2	F_3
PS_1—毕业生人数	0.284	−0.032	0.878
PS_2—毕业生就业人数	0.959	0.053	0.223
PS_3—毕业生留在当地就业人数	0.946	−0.026	0.260
PS_4—就业率	−0.321	0.914	−0.097
PS_5—理工农医类专业相关度	0.869	0.220	−0.212
PS_6—自主创业比例	−0.529	−0.68	0.386
PS_7—月收入	0.376	0.898	0.168
PS_8—雇主满意度	0.544	0.024	−0.548
特征值	3.470	2.158	1.420
方差贡献率/%	43.38	26.98	17.76
因子命名	技能人才供给与产业匹配	技能人才质量提升	技能人才培育输出

(2)因子载荷矩阵及公共因子的解释。

一是投入体系第一主成分 F_1 的解释。对于投入体系,通过观察旋转后的因子载荷矩阵(表 6-40)可看出,第一主成分主要由 IS_3、IS_4 决定,即由双师素质专任教师比例、高级专业技术职务专任教师比例决定,它们作用在第一主成分上的载荷分别为 0.945、0.938。F_1 上的较大载荷反映了师资队伍结构建设体系的全面提升对高职教育资源整合的支持作用,说明 F_1 由师资结构优化因子构成。

二是投入体系第二主成分 F_2 的解释。第二主成分主要由 IS_9、IS_5 决定,即由生均企业实习经费补贴、生均教学科研仪器设备值决定,它们作用在第二主成分上的载荷分别为 0.933、0.915。F_2 上的主要变量反映了稳步提升物力和财力的整体支持与保障质量给高职教育资源整合效益持续增强带来的支撑力,故称其为物力财力综合保障因子。

三是投入体系第三主成分 F_3 的解释。第三主成分与企业提供的校内实践教学设备值(IS_6)、专任教师数(IS_1)呈显著的正相关性,它们作用在第三主成分上的载荷为 0.976、0.907。F_3 上的较大载荷反映了师资队伍与办学资源的发展质量总体改善对高职教育资源整合能力提升的推进作用,故被命名为人力物力协同改善因子。

四是产出体系第一主成分 F_1 的解释。对于产出体系,通过观察旋转后的因子载荷矩阵(表6-41)可以看出,第一主成分主要由 PS_2、PS_3、PS_5 等决定,即由毕业生就业人数、毕业生留在当地就业人数、理工农医类专业相关度决定,它们作用在第一主成分上的载荷分别为 0.959、0.946、0.869。F_1 上的较大载荷反映了技能人才供给与产业结构适应匹配对高职教育资源整合的支持作用,故称其为技能人才供给与产业匹配因子。

五是产出体系第二主成分 F_2 的解释。产出体系第二主成分主要由 PS_4 和 PS_7 决定,即由就业率和月收入决定,它们作用在第二主成分上的载荷分别为 0.914、0.898。F_2 上的主要变量反映了稳步提升技能人才就业的整体质量给高职教育资源整合效益持续增强带来的发展动力,故称其为技能人才质量提升因子。

六是产出体系第三主成分 F_3 的解释。产出体系第三主成分主要由 PS_1 决定,即由毕业生人数决定,它作用在第三主成分上的载荷为 0.878。F_3 上的较大载荷反映了技能人才需求的充分满足对高职教育资源整合的推进作用,故被命名为技能人才培育输出因子。

3. 中部六省主成分得分及加权综合得分

六个样本省份的高职教育资源整合表现情况将受到上述多个主成分的影响,根据各主成分对高职教育资源整合的影响权重,计算样本省份的高职教育资源整合的发展水平(以各主成分正交旋转后的方差贡献率作为各主成分的权重)。

在投入体系中,这三个主成分的权重分别为 0.36、0.28、0.25;在产出体系中,这三个主成分的权重分别为 0.43、0.27、0.18。由此可计算得出每个省份的加权因子综合得分,见表6-42、表6-43。

表 6-42　投入体系主成分得分及加权综合得分

地区	主成分			
	F_1	F_2	F_3	F
湖南	6.27	-0.74	-1.92	1.77
江西	-3.96	-3.44	-0.51	-2.82
山西	-1.28	-0.51	-1.05	-0.98
湖北	2.10	1.09	-0.51	1.05
河南	-2.66	-1.29	5.28	0.02
安徽	-0.47	4.89	-1.29	0.97

表 6-43　产出体系主成分得分及加权综合得分

地区	主成分			
	F_1	F_2	F_3	F
湖南	3.05	0.61	0.95	1.88
江西	-0.02	1.46	-2.92	-0.15
山西	-5.77	-3.92	0.39	-3.96
湖北	0.57	2.00	0.22	0.94
河南	4.00	-1.44	0.62	1.65
安徽	-1.83	1.29	0.74	-0.36

4. 高职教育资源整合的综合评价

(1)投入体系评价。

湖南和湖北的师资结构优化因子得分较高,安徽和湖北的物力财力综合保障因子得分较高,河南的人力物力协同改善因子得分较高(图 6-7)。而江西的物力财力综合保障因子得分较低(图 6-7),说明该区域高职教育在学生服务方面还未完全满足学生发展需求,主要原因在于政府部门、高职院校、行业企业及社会组织机构等不同主体间利益博弈,导致区域高职教育资源类型边界过于刚性。教育的本质是体现以学生为本、致力于学生全面发展,高职教育资源整

投入体系评价

师资结构优化　　物力财力综合保障　　人力物力协同改善

产出体系评价

技能人才供给与产业匹配　　技能人才质量提升　　技能人才培育输出

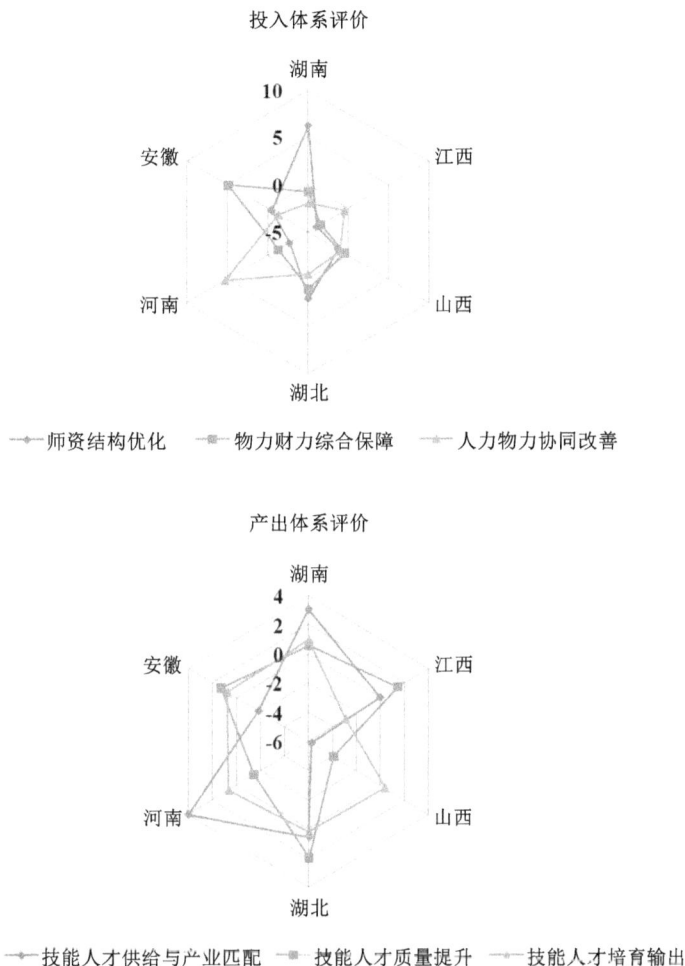

图6-7　投入和产出体系主成分得分

合配置的重要意义在于培养高素质技能人才，满足学生成长与发展的需要。高职院校只有注重学生的发展需求，促使不同利益相关者的关系重新确立，才有可能消解各主体间的利益壁垒，实现不同类型教育资源的互动与共享。江西省政府应加大对高职教育的财政投入，确保高职教育资源整合配置的财政支出；还要加强高职教育数字技术资源精准化建设，对相关数字技术资源实施有效筛选，使之能依托大数据信息平台，实现高职教育资源的有效对接与资源共建、共享、共用，完善高职教育资源整合的价值链。此外，行业企业或社会组织机构应均衡自身利益与社会利益。高职院校应全力提升资源的吸附力与资源利用率，提升学生使用资源的自主性。

江西和河南的师资结构优化因子得分较低（图6-7），反映了两省"双师型"教师数量不足与专任教师实践教学经验欠缺之间的矛盾，需引起重视。一是高职院校"双师型"师资队伍建设存在定位不够清晰和精准的认识问题。部分高职院校过多重视教师的学历与职称，忽视了教师本身的职业能力与实践教学应用水平，认为教师取得了执业证书和高校教师资格证书就属于"双师"，忽略了教师的工作资历与企业生产经营经验。二是"双师"认证的标准与行业企业设定的标准存在不一致。高职院校制定的"双师型"教师认定标准仅适用于学校教学层面，与行业企业的要求并不相符，无法有效对接产业链。三是"双师型"教师培养与行业企业发展及市场实际需求脱节。目前，产教融合模式需要继续加强，还存在高职院校培养的毕业生质量水平和职业能力不高、行业企业所需的高水平创新型毕业生匹配供给不足等问题。因此，江西和河南两省应优化高职院校师资结构与引进先进教学设施设备，以推动技术创新。技术创新是影响两省高职教育资源整合配置有效性水平的重要因素。技术创新来源于技能人才与设施设备。一方面，继续优化两省高职院校的师资结构，注重引入专业知识水平与技术经验兼具的"双师型"教师，以改善两省高职院校师资队伍的技能结构，为高职院校实践教学活动注入新动能。另一方面，注重引入先进的教学设备和实习实训仪器，以提升两省高职院校教育教学的专业化水平。湖南和安徽的人力物力协同改善因子得分较低（图6-7），说明两省应在兼顾教学质量与办学效益的基础上，实施一定比例的扩招，适当扩大高职院校的规模，提高承载能力，以降低规模因素对高职院校资源整合的阻隔影响。首先，在扩大高职院校规模时要以实际情况为根本遵循，避免盲目扩大引发的负面效应，造成高职教育事业发展本末倒置。其次，就解决师资短缺问题而言，高职院校需要明确自身办学定位，灵活优化教育结构，可聘请相关领域的行业企业精英进行授课，还可加强不同区域高职院校教师间的联动与交流，建立师资共享联动机制，解决师资力量不足问题。最后，打破区域间师资壁垒，建立公平合理的师资管理模式。改革高职教育人事招聘制度，建立符合高职教育特色、反映教师贡献价值的职称晋升制度，为需要专业教师的领域提供"急救"能手。

（2）产出体系评价。

湖南和河南的技能人才供给与产业匹配因子和湖南的技能人才培育输出因子得分较高，湖北的技能人才质量提升因子得分较高（图6-7）。山西的技能人才供给与产业匹配因子和技能人才质量提升因子得分较低，江西的技能人才培育输出因子得分较低（图6-7），反映了两省技能人才培养供给侧和产业需求侧对接精准度不够。调研发现，山西和江西两省有50%以上的高职院校开设了计算机应用技术、计算机网络技术、电子商务、市场营销、会计电算化、旅游管理、文秘、物流管理等专业，致使一些专业人才的培养供过于求，人才精准供给不足，存在"结构性失业"现象；同时，获得高级职业资格证书人数占比不高，培训的企业员工中技师和高级技师人数较少，都凸显出技能人才培养供给侧和产业需求侧的结构性矛盾。要改变这种现状，首先，要打破传统的高职教育"等""靠""要"的资源配置模式，实现高职教育资源跨界互动与融合，促进高职教育资源和教育质量均衡，减少资源损耗，从而解决不同地区高职教育资源配置严重不均衡的问题；其次，突破传统的职业教育发展思维，建立"大教育"思维指导的资源配置机制，实现资源有效利用。从自身发展看，资源配置较为薄弱的地区可采取差异化策略吸附个性化资源提升自身优势，实现高职教育资源的高效增值。

（3）综合评价。

山西和江西两省的综合得分较低（表6-42和表6-43），说明两省要加强财政保障力度和产教融合程度。山西和江西属于中部地区高职教育资源整合较低效区域，两省政府需要强化对地区的高职教育政策支持与加大资源保障力度，以缩小高职教育资源整合配置的区域差距。首先，需要加大财政转移支付力度，合理增加生均教育事业费，保障财政资金向高职教育领域适当倾斜。其次，需要配套完善的产教融合政策。两省可加大校企合作基地建设力度，促进当地产教融合、校企合作，增强高职教育服务地方经济发展的能力。再次，要加强同东部发达地区省际协作联动，借助当地特色产业优势与资源优势，促进区域间高职教育资源整合趋于合理化。最后，两省还要着力提升高职教育社会吸引力，形成职普资源合理配置的生态格局。在大部分中部省份，多数家长、学生出于对良好就业与更高学历的期望，更青睐本科教育，对高职教育的态度较为冷淡。这在一定程度上会阻碍高职教育办学规模的扩大，也会致使高职教育技能人才培养的产出质量与产出数量受到影响。因此，增强高职教育社会吸引力的关键突破口在于完善现代职业教育体系，满足家长与学生对学历提升的需求，这将有利于促进职普教育生源规模的均衡配置。

第三节　湖南高职教育生态可持续发展支持系统（外圈层）质量评价

依据高职教育生态可持续发展外圈层体系，开展湖南高职教育生态可持续发展运行条件质量评价，主要涉及两个层面：一是分析湖南高职教育经济环境承载力、文化环境承载力、科技环境承载力、政治环境承载力的总体情况；二是实施核心指标情况分类评价，以办学条件、人才培养与产业发展匹配度情况评价反映经济环境承载力质量水平，以文化软实力、社会认同度评价情况反映文化环境承载力质量水平，以科技服务能力、高层次创新平台、科技创新团队建设评价情况反映科技环境承载力质量水平，以院校发展开放、人才贯通培养评价情况反映政治环境承载力质量水平。

一、湖南高职教育经济环境承载力评价

1. 总体情况评价

对高职教育经济环境承载力的因子分析可归结为两个方面：一是政府对高职教育体系的资金统筹分配与资源支持保障情况；二是社会对高职教育体系的资金资源支持情况。根据近年湖南省统计年鉴和湖南高等职业教育质量年度报告公布的数据情况，进行历史发展的纵向比较（表5-4），可发现湖南省政府投入高职教育体系的资金支持与资源保障呈现不断增加的趋势；但在教育类型的横向比较中，高职教育与高等普通教育相比（表5-4），政府资金投入支持与资源保障的差距仍十分明显（喻均林和丁水平，2021）。在现有高职教育的资金来源体系中，政府资金投入一直具有较高比重，但长期以来政府偏重普通高等教育资金投入，致使高职教育的发展受到很大限制。因此，不少高职院校依托行业背景优势，发挥自身的职业教育特色，通过依产业塑专业、依产业建专业活动，积极与相关行业企业建立联系，构建产学研用合作机制，为院校发展资金资源的增加提供了渠道。这些是社会对高职教育体系发展资金资源支持的主要构成。但在现实情况中，受传统社会观念的影响及制度设计不健全的制约，并

非所有高职院校都能依托校企合作、产教融合获得来自社会对院校发展的资金资源支持。对于大多数高职院校，其所获得的社会资金对自身院校发展而言，只是九牛一毛。资金投入不足会影响高职院校战略发展、日常运行、办学质量提升等各个方面，阻碍其生态可持续发展。

2. 核心指标情况评价

（1）办学条件情况评价。

湖南 GDP 规模总量长期居于全国 31 个省（区、市）前 10 位，但湖南包含职业教育在内的各级各类教育生均一般公共预算教育经费增长情况、生均一般公共预算教育事业费支出情况均长期处于全国倒数第 2~7 的位置，与全国平均水平相比差距较大。根据教育部、国家统计局、财政部发布的 2020 年全国教育经费执行情况统计公告情况，2020 年湖南普通高等学校一般公共预算教育经费投入为 15832.02 元，在全国 31 个省（区、市）中排名倒数第 6 位，为全国平均水平的 70%；2020 年普通高等学校生均一般公共预算教育事业费支出为 14674.97 元，在全国 31 个省（区、市）中排名倒数第 4 位，为全国平均水平的 70%。

考虑 2021 年统计口径的调整及数据可获得性的影响，将 2012 年与 2020 年湖南数据进行比较，可发现湖南省高校生均校舍面积从 27.75 m^2 下降至 23.95 m^2，生均教学行政用房面积从 13.88 m^2 下降至 11.97 m^2，生均占地面积从 61.97 m^2 下降至 48.2 m^2，生均纸质图书由 75.14 册减少至 69.33 册，生均教学仪器设备值从 0.77 万元提高至 1.1 万元。将 2016 年与 2020 年全国数据进行比较，可发现全国高校生均占地面积从 59.75 m^2 下降至 52.38 m^2，生均教学行政用房面积从 14.13 m^2 下降至 12.91 m^2，生均图书从 77.13 册减少至 71.74 册，生均教学仪器设备值从 1.38 万元提高至 1.66 万元。由此可见，由于办学规模持续扩大与长期资源投入及整体建设不足，湖南与全国高校办学条件改善普遍无法与学生规模扩容的步伐相匹配，绝大部分高校办学条件关键指标均处于下降区间，其中湖南降幅更大，且落后于全国均值；湖南与全国相比，唯一有所提高的指标是生均教学仪器设备值，湖南该项指标相对全国平均水平低了 0.56 万元。为实现入校学生学习生活需求与基本教育教学要求相适应匹配，部分高职院校被迫对学生宿舍进行整体改造，把原来的 4 人间、6 人间改造成 6 人间、8 人间，部分高职院校将青年教师生活过渡的宿舍楼改造成学生宿舍,部分高职院校不得以到校外临时租房,部分高职院校为应急而临时建设教学实训设施(何莉和汪忠明,2022)。由于校舍、教学场所等基础设施建设管理与学生服务跟不上,衍生了一系列新的日常管理难题。

软件技术、学前教育、电子商务、护理、大数据与会计是2021年湖南省高职高专在校生人数排名前5位的热门专业,这些专业学生人数达到高职高专在校生总数的20.58%;机电一体化技术是对接湖南优势特色装备制造产业最为紧密的高职高专专业,其在校生规模排名全省第6位,相对其他排名靠前的专业,该专业建设面临着办学成本较高、教学仪器设备正常运转所需投入资金量较大、实习实训耗材较多且技术要求较高的发展难题。由于长期经费投入与资源保障不充沛、办学基础条件较为简陋,加之地方政府财政资金紧张,部分高职院校不能很好地对接地方产业发展实际需求、服务"三高四新"战略进而对专业体系进行相应优化调整,只能依托院校现有有限的办学条件发展投入成本较低的专业,陷入了尴尬的同质化发展境地。

比较全国高职高专在校生规模位居前10位的专业,可发现虽然在专业排序上有着细微的差异性,但全国与湖南高职高专在校生排名在前10位专业中,有9个专业是相同的。可见,低水平重复的专业建设情况不仅是湖南高职教育亟须解决的突出问题,全国范围内高职教育,甚至是普通高等教育,也存在这些共性问题。在这种专业布局影响下,长此以往优质教育资源低配甚至错配将致使毕业生就业率及其对口就业率下降的社会问题越发凸显。这种专业布局发展难以有效助力区域产业结构转型升级,也致使高职教育对产业发展的基础性、先导性作用无法有效发挥。

(2)人才培养与产业发展匹配度情况评价。

第一,结构层面的不契合。目前,湖南的77所高职院校共设置专业群323个、专业点1792个。从三次产业专业布点情况看,2021年湖南三次产业结构为9.4∶39.3∶51.3,三次产业的贡献率分别为12.4%、34.6%和53%。而湖南高职院校多趋向于产业比重较高和贡献率较高的第三产业进行专业设置,对接第一、第二产业发展设置的专业点较少,反映了专业结构与产业结构适配度不高的问题。从服务"三高四新"战略的专业布点情况看,2021年湖南服务"三高四新"战略的专业点为1214个,衔接服务工程机械、轨道交通装备、航空动力三大世界级产业集群的专业点为289个,衔接服务先进材料、节能环保新能源、信创产业三大国家级产业集群的专业点为304个。而截至2022年,湖南高职院校服务"三高四新"战略的高水平专业群仅有 10 个，培养适应新兴优势产业的高技能人才不足 6 万人，毕业生当地就业率为 62.05%，本地先进制造业技能人才存量依旧不足，存在较大的提升空间(雷久相，2023)。

第二，节奏层面的不适应。近年来，湖南省大力布局战略性新兴产业，高端装备、航空航天、新一代信息技术、新材料等产业发展迅猛。为适应新产业、新技术、新业态("三新")的发展态势，高职教育需要在匹配"三新"发展的技能人才培育上精准发力，但是由于高职院校课程体系、师资力量、专业(群)建设、设施设备等方面的滞后与局限，技能人才培养层次水平与适应能力短时期内难以跟上新兴产业转型升级与技术更新迭代的现实要求，新兴产业所需的技能人才缺口较大，呈现短期内难以缓解的技能人才市场结构性供需矛盾。

第三，质量层面的不匹配。实施"三高四新"战略，对湖南高职院校专业设置、技能人才培养规格、课程体系建设、"三教改革"等提出了新的更高的要求。然而，由于湖南部分高职院校师资结构、能力水平与产业发展不相匹配，教材教法较为落后，教学资源不配套，技能人才培养与"新三样""未来三样"产业需求不适应，学生所学相对这些新兴产业发展需求明显滞后，相当数量的毕业生不具备这些产业企业所需的专业知识结构、技术能力结构与职业素质结构，难以满足新业态下对从业人员职业技能的新需求。

二、湖南高职教育文化环境承载力评价

1.总体情况评价

高职教育体系文化环境承载力因子分析须从两处着手：一是剖析高职教育体系所处社会环境中的文化氛围与舆论观念；二是阐释高职教育体系自身所蕴含的文化价值。第一，由来已久的"学而优则仕"的观念已经深入人心。当一种教育可搭建入仕的有效路径，这一教育就能凭此获得充分的社会认可。这也是职业教育在 20 世纪 80 年代能获取短暂辉煌的原因之一(孟景舟，2010)。而与"入仕"一直保持着紧密关联的高等普通教育获得了普遍的社会认同。第二，就高职教育自身所蕴含的文化而言，高职教育有着职业教育所蕴含的职业特色文化(疏勤，2018)，这是高职教育立身之本。但由于受到"重普轻职"的社会认知与追求升学的教育导向双重影响，湖南现有部分高职院校紧盯从高职高专升格为职业本科院校的提升之路，还有部分高职院校倾向于学术型普通型本科"学

术漂移"。湖南高职院校各自有其追求的目标，但部分院校忘记了职业教育内蕴特色，导致了其高职院校生态位重叠与过窄，限制了其高职教育生态的可持续发展。

2.核心指标情况评价

(1)文化软实力情况评价。

高职院校文化软实力是其综合实力与核心竞争力的具体表现，主要包含办学理念与管理思维、办学品牌与办学特色、学院文化与学院形象、创新意识与进取状态等核心要素。其内部表现为对教职工和学生的组织凝聚力与发展向心力，外部拓展为社会吸引力与行业影响力。近年来，湖南高职教育发展总体水平较高，不乏在全国名列前茅的高职院校。但是，与天津、江苏、广东、浙江、山东等高职教育发达省市相比，湖南高职院校的内涵质量建设亟待提升，文化软实力不足现象仍较为突出。《武书连 2022 中国高职高专评价指标体系》发布的 1302 所高职高专中，湖南省仅长沙民政职业技术学院和湖南工业职业技术学院跻身全国前 100 名，分别位列第 15 名和第 45 名。

(2)社会认同度情况评价。

高职教育的社会接受度和认可度不高，招生吸引力较弱，一直是高职教育发展的尴尬之境。长久以来看重学校和学历、不重专业技能的社会观念一直存在。社会公众普遍认为高职教育是高考低分段学生的无奈选择，存在认为高职院校培养的学生毕业后在未来学历升级、职务提升、待遇增加、公务员及事业单位工作人员招考等方面会有流动性条件的限制，相比管理人才、专业技术人才，高职院校培养的技能人才还存在工资待遇偏低、社会认同感不足等认知误区。因此，完善技能人才培养、使用、评价与激励机制对提升高技能人才队伍的稳定性，具有重要意义。此外，高职院校招录的学生以在基础教育中未取得良好成绩、无缘本科教育的学生为主，部分学生是因条件限制选择高职院校，而非遵从内心与兴趣，入学后学生的学习积极性、自主性均不高，如果高职院校的技能人才培养方案不能很好地匹配市场需求，将不能为社会培养高素质技能人才，也将无法满足"三高四新"战略对技能人才的现实需求。

在"三高四新"战略推动下，湖南的机械工程、轨道交通等世界级先进制造业迅速发展，而在除长沙外的湖南其他制造业强市，支撑这些高端产业发展的高技能人才较为短缺，重要原因是湖南高职院校毕业生主要受北上广深等城市更有吸引力的薪资待遇、更为开放包容的工作环境、更有发展可能的事业平台等"虹吸"影响而外流。2021年就业吧就业意向网络问卷调查结果显示，湖南高职院校毕业生中，在北上广深等一线城市就业意愿的比例为18.7%，在长沙、武汉等新一线城市就业意愿的比例为42.41%，合计超60%（李定珍和侯杰，2023）。

三、湖南高职教育科技环境承载力评价

1.总体情况评价

湖南高职教育既要服务国家与本省重大战略，不断挖掘新的经济增长点，又要在产业提质升级、社会转型管理与生态文明建设等领域培育可持续发展潜能。近年来，湖南高职教育在提供技术支持、科技创新服务地方经济发展等方面成效较为显著。近三年的《湖南省高等职业教育质量年度报告》显示，高职院校横向技术服务到款额、纵向科研经费到款额、技术交易到款额等各项指标均有较大幅度增长。但是，相比本科院校，湖南高职院校横向技术服务行业企业的能力水平仍需提升，高职院校科技创新的贡献度还不够高，虽然产生了一批科技创新应用成果，但在全国层面有重大影响、在行业层面受到龙头企业高度认可的成果偏少，科技研发总体水平有待提高。此外，湖南高职院校科技创新服务未有效地聚焦区域社会经济高质量发展需求，服务面向较为宽泛，未能有效突显出高职教育的地域特征。

2.核心指标情况评价

（1）科技服务能力情况评价。

2021年，湖南高职院校立项省自然科学基金项目116项，占全省的3.9%，纵向科研经费到款额8608.5万元，技术服务到款额9542.4万元；2022年纵向科研经费到款额8372.62万元，与2021年相比，略有下降。可见，湖南高职院校科技创新层次水平不够高，服务能力不够强。

（2）高层次科技创新平台发展情况评价。

截至2022年，湖南高职院校校企共建技术创新平台累计462个，其中，院士工作站14个、工程技术研究中心96个、应用技术协同创新中心162个、众创空间190个。虽然创新平台数量不少，但大多层次不高、影响不大，对行业

引领力不足，充分发挥支撑产业提质升级作用的不多，高水平科技创新平台建设依然任重道远。

（3）科技创新团队建设情况评价。

科技领军人才极为稀缺与团队体系建设不合理、科技创新与服务意识较为淡薄、科技创新激励机制不健全，是湖南高职院校科技创新与服务团队建设的三大制约因素。加快推进科技创新与服务团队建设可持续性，已成为湖南高职院校当前及今后很长一段时间师资队伍建设的重要任务。

四、湖南高职教育政治环境承载力评价

1.总体情况评价

高职教育政治环境承载力评价分析，主要是政府对高职教育提供相关政策支持与制度保障情况的分析。从当前政策导向、制度设计与机制运行三个方面看，随着职业教育改革推进，政府给予了高职系统大力的政策支持，在可预见的未来，这种支持仍会持续，并将形成常态化运行状态。湖南省高职院校在关键领域不断深化改革，特别是在教育质量评价、办学体制机制、办学定位与办学模式、干部人事制度、绩效分配制度等关键领域的改革已取得关键进展与良好成效。2022 年，全省高职院校开展关键领域改革的项目达 497 项。湖南省五所高职院校和十个院（系）被遴选为湖南省深化新时代教育评价改革试点。在湖南省教育体制改革试点项目成果验收中，五个高职院校项目获得优秀等级。在政策导向层面，湖南省政府的政策导向对整个高职教育体系的统筹发展是较为有利的；在政府高职教育体系的制度设计层面，当前高职教育制度设计与执行中，政府部门存在着职能较为分散、政策执行不够聚焦、治理职业教育过程碎片化等问题（王珩安，2021）；在现有高职教育内部运行机制方面，存在唯学历与唯职称的教师招聘制度、工资制度体系脱离实际、教学质量评价制度不优等问题（徐庆，2021）。从整体上看，湖南政治环境有利于高职教育生态可持续发展，但在具体规划与行动实施中，还有本科职业教育发展、高职教育经费投入、优质资源与特色专业群建设等方面的许多问题亟待解决。

2. 核心指标情况评价

（1）院校发展与开放情况评价。

在体制机制改革层面，湖南不少高职院校不同程度地存在内部治理运行不畅、改革质量与效率不高、制度体系活力欠佳、干事创业作风不实等现象，在办学定位与办学模式、教育质量评价、干部人事制度、经费投入与资源保障等方面仍存在堵点、痛点与难点，需通过深化改革创新，突破发展瓶颈，推进高职院校治理体系与治理能力现代化。从开放层面看，开放办学、开放发展一直是湖南高职院校普遍存在的短板与弱项。相当一部分高职院校还存在社会开放层次和深度不够，校企合作、产教融合协同育人流于形式，国际交流与合作不实等问题。2022 年，湖南省 9 所高职院校共招收留学生 172 人，与 2021 年基本持平；共有 7 所高职院校开展了中外合作办学，现有专业点 9 个，2022 年共招生 285 人；高职院校在境外的办学点为 16 个，近两年招生 1501 人。在服务"一带一路"倡议及湘企、湘品"走出去"战略方面，技能人才支撑、科技创新服务、人文交融的作用发挥得还不够充分。

（2）人才贯通培养情况评价。

职业教育作为教育的一种类型，必须形成职业教育中职生、专科生、本科生、研究生共生发展的技能人才成长培养通道，构建与普通教育、继续教育相互贯通的现代职业教育体系。2020 年 1 月《湖南省职业教育改革实施方案》明确提出，"要开展本科层次职业教育试点，探索优质高职院校升格为应用型本科高校"，湖南也在打通技能人才成长培养通道上做了一些有益的探索，但总体来看，该通道体系尚未真正打通，与经济社会高质量发展对高素质技能人才的需求还不能相互适应，需要加快本科层次职业教育发展，进一步探索专业学位研究生教育。

第七章

推进湖南高职教育生态可持续发展的策略

第一节　内圈层稳定：湖南高职教育生态可持续发展的推进发力点

依照高职教育生态可持续发展内圈层体系，结合湖南高职教育生态可持续发展要素保障质量评价情况，可从构建共生发展的高职教育资源联动支持体系、激活产教融合发展动力机制、理顺职普融通生态体系构建机制、优化科教融汇支撑机制、推进高职教育赋能经济社会发展和服务学生全面发展机制等方面推进湖南高职教育生态可持续发展。

一、构建共生发展的高职教育资源联动支持体系

针对目前湖南高职教育生态可持续发展要素保障体系中存在的问题，构建共生发展的高职教育资源联动支持体系是实现湖南高职教育生态可持续发展的有效途径。一方面，政府部门在对财政资金与高职教育资源进行科学统筹、规划使用的同时，还要对各高职院校整体发展实施宏观调控与管理，指导、监督与评估高职院校教育资源使用的有效性和合理性。要分校施策，对资源较为匮乏的高职院校，继续加大财政资金的投入与教育资源分配的倾斜；对资源充沛但利用率偏低的高职院校，实施教育资源配置上的科学规划与有效指导。另一方面，高职院校在适应地区产业发展需要、确保办学理念适时更新调整的同

时，要对标国家对职业教育的目标任务，充分利用高职教育资源，着力培育面向"三高四新"发展战略的实用型、创新型技能人才，实现高职教育生态可持续发展，具体可在两个层面发力。

一是资源共享，提高教育资源开发利用率。政府部门、行业企业、社会组织高职院校间要统筹协调、联动合作，聚力打造与完善高职教育资源共享的生态活力体系。湖南省政府要真正立足湖南各地市经济社会发展实际情况与未来发展定位，合理规划、有效整合高职教育资源，不断健全完善高职教育资源共享、提升开发效益的机制建设水平，为高职院校间、高职院校与行业企业间的高效协作建立强有力的政策保障；企事业单位要加大对高职教育的支持力度，形成信息互通、资源共享的"双赢"模式，为学生提供更多元化、有助于提升职业技能的专业教学指导、实践应用活动、教育培训机会；高职院校在积极配合资源共享政策的同时，还要深挖探索高职教育资源共建、共用与共享的新途径，如院校间通过优质教师团队资源共享，推进相近或相同专业的整合资源、协同发展，选派专业教学与生产岗位相匹配的教师到企业合作实践，积累生产应用性教学经验等。

二是包容联动，协同推进产教融合。充分依托职业教育联席会议的整合力量，构建职业教育相关的行政管理部门紧密配合，有关行业组织并积极参与的包容联动、协同推进产教融合的运行机制。首先，组建政府部门、行业企业、社会组织、高职院校等多方主体联动参与的理事会，实施实体化运营管理，集聚政策、人才、资金、技术等多项要素，有效推动各方主体深度参与高职院校专业体系建设规划、技能人才培养规格确定、课程体系开发设计、师资队伍培育建设，促进技能人才培养方案共商、教学科研团队共组、教学科研资源共建，共同实施学生学业考核评价，推进"三教"改革，整体提升技能人才培养质量与能力水平。其次，加快出台产教融合、校企合作激励政策，鼓励社会力量参与混合所有制高职院校及所属二级学院、技术服务中心、实训基地等多元化办学实体的开发建设，形成行业企业积极参与高职教育产教融合的生态格局。最后，支持龙头企业与高水平高职院校牵头，组建高职院校、科研机构、上下游关联企业等参与的跨区域行业产教融合共同体，汇聚各类资源推进产教融合，建设支撑产教融合发展的技术创新中心，由此开展行业委托培养、企业订单培养、项目学徒制培养、各类技能提升的社会培训服务，为行业产业发展储备可持续的人力资源与输出供给提供稳定的技术支撑。

二、激活产教融合发展动力机制

引导产教融合动力激发是高职教育生态可持续发展的驱动方式。当前，在专业体系建设与产业发展需求适应匹配欠佳、高职教育与产业融合发展层次不深等难题攻克上实现突围，形成产教融合发展新生态，对推进高职教育生态可持续发展至关重要。一方面，有效推进高职院校与产业园区相结合，促进生成融合度高的组织形态（行业产教融合共同体与区域产教联合体），更好地激发地方政府系统与行业系统的产教融合，并与高职院校形成联动效应，赋能服务区域现代产业体系的整体性建设；另一方面，纵深推进高职教育与行业产业共生融合，把专业与产业的互动匹配性提升作为基础性工程，充分打牢融合发展的运行载体。在园区建设层面，联合特色产业顶尖龙头企业、本科高校、高职院校共建开放型特色产业学院，推进构建区域内技能人才培育、科创技术支撑、技能培训提升、创业创新一体化综合服务体系；在产业链建设层面，引导高职院校、科研院所、主导产业上下游企业共建产教融合共同体，形成多区域联动、产业链与人才链互动的产教融合实体，合力开发与特色产业匹配适应的专业教学应用资源与标准体系，形成区域共建共享的公共实践中心，联合开展行业产业重大技术难题研发攻克行动。

三、理顺职普融通生态体系构建机制

构建普融通生态体系是高职教育生态可持续发展的基本形态要求。职业教育作为类型教育，必然要求形成完备的教育生态体系，其关键在于构建各学段、各类型教育互联互通的"立交桥"，让学生把握更多教育类型的选择权，打通其全面发展的有效通道，促进不同类型技能人才按照自身发展需求，实现灵活有效的转换。在融通教育上，聚焦资源共享的开放性，引导职业院校职业能力养成的优质资源逐步向基础教育阶段开放，促使职业启蒙教育的覆盖广度和作用效度得以更好提升；着眼协同联动机制的构建，推进开展高中教育和中职教育在课程、师资、学分等方面的互通、共享、互认。在技能人才培养上，基于推动人才培养供给侧与产业发展需求侧匹配适应，注重技能人才培养层次的提升，依托建立健全职业院校推荐制度，在产业一线选拔一批具有较突出专业成就的优秀高技能人才，到产业发展对口的高校和科研院所进行学习深造，获取硕士与博士学位；建立技能人才定向培训提升计划，定期到高校、科研院所、行业顶尖企业接受专题培训，提升攻克技术难题的能力。

四、优化科教融汇支撑机制

优化科教融汇支撑是高职教育生态可持续发展的运行动力。一方面，要提升科研开发能级，用"活"增量与存量科教资源，紧扣现代产业体系建设所需的核心技术与"卡脖子"攻克难题，集聚科教融汇资源，通过战略科学家、高层次专家的柔性引进，引领服务行业企业技术革新改造、工艺流程再造、产品功能提升；由高水平大学、行业引领龙头企业和科研院所带动，在关键科技领域引领高职院校发力突破，推进科教协同育人，破解关键共性技术、关键工艺技术等重大难题。另一方面，要提升技术创新能力，充分发挥高职院校作为科技研发成果应用转化中试基地的纽带作用，重点围绕特色产业创新集群建设布局中试基地，形成一批科创成果应用推广队伍。此外，要提升成果转化效能，实施"揭榜挂帅""职教企业行"等推进科教融汇的专题行动，形成高校科技成果信息挖掘匹配和应用转化共享服务平台，推进出台高职院校绩效工资改革实施细则，更好地加快科创成果应用转化。

五、推进高职教育赋能经济社会发展和服务学生全面发展机制

高职教育赋能经济社会发展和服务学生全面发展是高职教育生态可持续发展的核心表现。要巩固提升高职教育规模，赋能区域经济社会高质量发展，就要构建以产促教、以教助产、产学协作、产教融合的协同推进实施机制，促推形成与市场发展需求相契合、与产业结构相适应的现代职业教育结构体系和区域技能人才资源布局，提升技能人才供需的精准匹配度，推进产业发展与高职教育布局的匹配适应，实现高职教育与区域经济的共生融合。要提升高职教育质量服务学生全面发展，就要建立健全多种多样形式的有效衔接、多渠道向上成长、更为精准的梯度职业教育与培训提升体系，让不同层次和多元需要的学生能享有多次选择的权利、拥有多样化成才的可能空间。

第二节　中圈层提升：湖南高职教育生态可持续发展的推进关键点

依照高职教育生态可持续发展中圈层体系框架，结合湖南高职教育生态可持续发展运行条件质量评价情况，湖南需通过提升高职教育单元协作、深化高职教育资源整合、改善高职教育环境质量、畅通高职教育界面传递等举措，有效提升湖南高职教育生态可持续发展的效益与水平。

一、提升高职教育单元协作

在高职教育单元协作中，政府系统承担着统筹协调、指引发展的基本职能，主要给予政策层面的引导推进，在资金、项目等方面提供相应的资源支持和实施保障（李剑萍，2023）。在与政府系统的关系处理上，高职院校需遵循地方经济高质量发展的思维导向，着眼探寻高职教育赋能区域特色差异化发展的有效路径，塑造高职院校的不可替代性。在与产业系统的关系处理上，高职院校要把专业建设匹配产业发展的前瞻性、技能人才培育的精准性、校企合作产教融合的实效性作为工作推进的关键环节，更好地服务与支撑地区产业经济可持续发展。在与行业企业系统的关系处理上，高职院校要与其凝聚共识，在合作模式创新、协作平台筑牢、长效机制形成上花费大力气，实现企业与高职院校的共同提升、合作双赢。在与科创系统的关系处理上，高职院校要通过自身发展顶层设计的调整完善、体制机制的改革创新等，提升与激发教职工干事拼搏、创新创业的能动性与创造性；也要紧扣培养复合创新型技能人才的核心目标任务，着力破解优质生源不足、学生核心职业素养提升乏力、企业意愿和岗位需求难以满足等现实难题（李剑萍，2023）。高职教育单元协作是高职教育生态可持续发展的支点性运行条件，主要体现在通过推进政府部门、职业院校、行业企业各方主体在资源共享与制度共治上协调联动，实现政产学研一体发展。

1.推进政府部门充分发挥主导作用

政府部门应明确高职教育的相关部门职责定位，强化对高职教育资源的统筹分配，加大资金投入力度，优化财政资金管理流程，提升资金使用效率。政府相关部门要适时制定促进湖南高职教育生态可持续发展、高职教育赋能长株潭一体化发展的相关规划，通过整合可利用的各类资源，尤其是要统筹利用好高职教育资源，强化高职教育服务供应管理，增加对高职教育的财政预算资金分配与执行绩效考评，强化宏观政策的高效引导与具体实施的组织协调，对高职教育赋能区域经济发展过程进行宏观调控。公办院校是湖南高职院校的主要组分，其管理主体多为地方政府，行政因素是湖南区域协同发展、生态可持续发展的重要驱动力量。从制度层面出发，完善顶层设计，构建连续完整的协同发展、生态可持续发展保障制度体系，是推进高职教育赋能区域协同发展、实现高职教育生态可持续发展的关键步骤：第一层级为省政府，进行省内高职教育相关重大战略部署与顶层制度设计谋划，统筹推进全省各区域高职教育均衡发展，以增强制度实施的连续性与稳定性；第二层级为各地市政府，各地市间要相互连接并形成高职教育联合体协作网络，做好区域间高职教育一体化相关组织协调与服务管理；第三层级为机构组织，包括高职院校、科研机构、行业企业与协会等，以上执行主体通过资源共享、包容创新多元协同育人实现区域发展赋能增值、推进高职教育生态可持续发展。

2.推进高职院校坚持产业需求导向

高职院校作为区域产业发展中技能人才培养的主阵地，应主动作为，转变以高职院校为主导的固有思想，运用多主体协同育人的系统性思维，契合区域产业结构布局，满足企业发展现实需求，服务"三高四新"战略。高职院校应把握区域产业发展前沿，准确研判未来走势，明晰产业体系升级、结构调整、优化布局的总体方向，主动和政府重大战略与发展布局、企业重要生产产品质量提升与关键技术研发、行业产业最新应用标准等有效衔接，优化区域高职教育资源布局与配置，共同迈向产教融合、创新协作领域新航道。在专业体系建设与技能人才培养中，高职院校应遵循湖南区域协同、可持续发展的实施原则，与区域重点和优势产业资源配置相匹配、与产业体系功能相契合，让高职教育的特色转化为区域协同、可持续发展的比较优势。

3.推进行业企业不断更新协同育人理念

产教融合，实质上在于高职教育与产业发展的互通互融，是当前高职教育发展的重要特征。行业企业在做好技能人才检验工作的同时，更应与高职院校共同做好应用型技能人才培养的衔接工作。在高职教育产教融合过程中，行业企业要与高职院校积极探索多种有效的合作模式。行业企业应积极参与高职院校技能人才培养方案的修订完善，促使高职院校培养目标与企业发展定位需求相契合；在学生顶岗实习等专业技能实践活动中，充分发挥企业实训平台育人功能，促进学生通过企业现场工程实践，将所学理论知识与专业技能有效转变为行业进步、企业发展所需的现实生产力，为企业可持续发展提质增效。在湖南区域协同、可持续发展背景下，行业企业要进一步强化创新协同育人理念，充分发挥高职教育赋能区域协同创新的功能，健全完善产教融合协同育人机制，促进区域产业高质量发展与技能人才健康成长的良性循环。

二、深化高职教育资源整合

教育资源既包括有形资源，如规模化产教融合实训基地、各类教学场所、仪器设备、体育场馆、图书馆等；也包括无形资源，如教育品牌、教育管理与教学实践应用经验、专利技术等；还包括虚拟资源，如教学资源库、科研数据库等。高职教育资源整合，不仅在于促进高职教育的平等竞合关系，还要突出高职教育各方主体间的包容性，促使不同区域高职教育比较优势得以充分展示。高职教育资源整合，在于视高职教育为一个有机整体，有效引导各方主体力量，充分发挥各自的资源优势，实质推进各类资源要素合理配置，在形成区域高职教育开发联动系统的基础上，助推不同区域高职院校在专业体系建设与技能人才培育上特色错位发展。

1. 深化高职教育供给侧结构性改革

湖南要进一步深化高职教育改革，围绕"三高四新"战略，提供推进高职教育高质量发展的政策资金支持与资源要素保障，以新能量、新质量满足新时代对高职教育的新要求，激发高职教育培育技能人才的新动能。在政策制定、实施过程中，湖南特别是长株潭三市要建立区域有效沟通、协作联动机制，要强化地区、部门间衔接对话，制定统筹长株潭三市的高职教育高质量、协同发展的统一政策标准，有效搭建高职教育圈层体系的治理框架。要从综合治理能力提升的角度出发，推动湖南高职教育生态可持续发展，着力促进城市间高职教育资源整合由竞争状态转变为区域内高职教育高质量协作发展的一体化状态，实现优势资源互补、共享共建共赢。湖南各地市尤其是长株潭三市应通过治理体系创新，扩大高职教育深层交流空间，有效合理配置资源；围绕协同、可持续发展目标，统筹利用各自内生资源，促使各方互为补充、默契配合，实现资源配置科学化、精准化、协同化，以有效汇聚高职教育资源，促进区域高质量发展，形成区域内以教促产、以产助教的产教深度融合局面。

2. 推进区域高职教育均衡发展

湖南各地市高职教育发展水平依然存在较明显差距，教育资源分布格局不优，难以满足区域科技协同创新的高要求。目前，地方高职院校是湖南高职教育可持续发展的重要基石，也是高等教育普及化的关键组分，区域内"双高计划"建设学校与地方普通高职院校间的发展差距要引起重视。当前，中央政府正大力推进高等教育资源的战略性布局，湖南高职教育应抓住国家"双高计划"建设、加快推进本科层次职业教育的契机，实现区域高职院校强强联合、特色优势互补、优势资源共享，有效发挥空间集群化发展效应，形成动态资源配置机制，优化高职教育资源空间布局。

3. 搭建产教融合智慧服务平台

湖南高职教育相关管理部门应联合区域内高职院校、行业企业，共同构建集成化的高职教育产教融合智慧服务平台，包括高职教育资源信息服务平台、产教融合信息服务平台、就业信息综合服务平台等一系列支撑子平台；依托数字化信息技术，将智慧服务平台按照资源功能分类，并进行类型特征划分、区域资源盘点、优质资源整合，促使高职教育资源存量高效统计。高职教育各方主体可登录平台，实时登记资源余量，发布资源有效需求，实现资源供需匹配。高职院校与行业企业可开发线上虚拟仿真实训等实践教学资源功能应用模块，依托 VR 技术，帮助学生身临其境地体验企业真实生产过程，保障企业现场工程实践教育与院校技能人才培养的无缝对接。在规范化建立资源共享数字化信息应用平台的基础上，湖南应进一步完善信息联通共享机制，汇聚区域内产业发展升级、技术研发攻关、校企通力合作、技能人才需求等信息，实现多方主体的顺畅交流。

三、改善高职教育环境质量

高职教育环境建设既包括显性环境建设(基础设施、教学场所、实训基地等建设),又包含隐性机制建设(政策支持环境营造、社会普及有效推广、文化感染认同推进等)。高职教育显性环境和隐性环境的正向互动是各资源整合参与主体赖以生存的必要条件。良好的共生环境能有效推动良性共生关系的建立与发展;反之,可能会起到抑制或阻碍作用。

湖南高职教育生态可持续发展,意味着实施生态制度体系,实现系统内外环境动态平衡。高职教育环境建设,在于构建生态制度体系有效运行的保障条件,统筹好显性环境与隐性环境中的关键资源要素,实现显性环境与隐性环境的协同互动,打破区域间高职教育改革创新与联动发展体制机制障碍。改善高职教育环境质量具体可从两个方面着力推进。

1. 推进高职教育显性环境建设

湖南高职教育生态可持续发展需聚焦高职教育显性环境的建设,形成高职教育资源整合运行机制。例如,校内实训基地建设应注重三个阶段的着力点。在前期筹备阶段,由各利益方代表协同制定实训基地建设相关管理条例与实施细则,企业已投入的资金应用于购置校方暂未配备的教学硬件设备,校方按需将项目投资申请方案和资金使用计划提交上会供各方研究确定,并列明购置设备的经费为校企合作项目专款专用,确保资源投入的针对性与经费保障的有效性。在中期实施阶段,高职院校作为教育实践活动落实的重要主体,应主动遵守建立校内实训基地运行管理的规章制度,明确基地建设资金投入保障与技能人才培养输出的关系,做好基地实验室使用课时、师资培训项目课时、技能培训课时等事宜的统筹安排。在后期运维阶段,各利益方应持续关注基地后期建设投入使用的质量及评价问题,促进高职教育实践教学场地的环境建设,通过探索灵活适用的运维管理方式与各方共同提升资源整合的整体质量,打造具备可持续性的高职教育资源整合建设范例。

2. 统筹好高职教育显性环境与隐性环境中的关键资源要素

实现湖南高职教育生态可持续发展,还应统筹高职教育显性环境与隐性环境中的关键资源要素,构建资源整合保障机制。高职教育资源是不能直接量化的实物，湖南各地市高职教育资源整合需要依托有效的保障机制，以保障高职教育资源共享的公平性与可操作性。应在政府部门高效引导高职院校、行业企业等有序参与的条件下，统筹发挥好社会组织机构在资源整合中的协调作用，搭建高职教育资源整合配置事务处理平台供有关主体商讨，推进有关主体责任意识养成，自觉签订高职教育资源整合配置的具体法律协议，以维护各利益方的合法权益，着力实现高职教育关联的社会网络要素集聚。

四、畅通高职教育界面传递

高职教育界面传递，在于构建能实现资源充分配置和信息有效传递的高职教育集群界面，通过高职教育协同发展战略规划促使高职教育体系各主体单元高效分工协作，推进资源优化配置，实现专业与产业适应性提升。高职教育界面传递，意味着打破其已有的资源集合的发展状态，通过建立区域高职教育合作联盟、区域校企合作创新平台、校校间师资协作团队等资源建设，实施资源配置上的调整、重组，有效形成单元主体间的资源传递机制，进一步强化专业与产业的适应性提升，最终促成高职教育区域竞合的优势。高职教育界面传递具体可从三个方面推进。

1. 提升协同办学能力

湖南高职院校需要全方位、多维度掌握产业结构转型升级过程中产业调整的发展方向与技能人才培养的需求定位，在专业设置与课程体系建设中主动适应匹配产业结构调整。高职院校办学理念要不断更新，技能人才培养模式要主动创新，建立适应未来市场需要的专业适度调整动态机制，通过健全完善专业群适应产业结构调整，打造一批以高水平专业群为引领、以特色专业群为依托的多元化专业集群。长株潭高职教育资源丰富，更应充分发挥其专业优势、学科优势、区位优势，构建与产业结构、市场需求、企业生产互动匹配的课程体系，以职业核心技能需求为导向，引"产"入"教"，突出新职业技术、新职业技能与新职业素养，促使课程内容有效对接职业标准和行业标准，充分融入长株潭一体化发展的产业成果，以期为产业高质量发展提供一线高素质技能人才。湖南高职院校应构建师资互聘联培工作机制，选聘市场经验丰富、业务精通的行业企业高级技师、科研院所研究员加入高职院校师资队伍，着力打造"双师素质型"师资团队，充分发挥协同育人优势，真正切合市场现实需求，更好地为区域经济发展输送高素质技能人才。

2.打造高职教育集群品牌

产教融合能最大程度地实现理论知识、实践应用技能在高职院校与企业间的价值循环流动。湖南区域协同发展的实现必须以协同创新为驱动力，通过构建市域产教联合体与行业产教融合共同体，实现区域产业发展、教育科研、科技创新、社会治理协同发展，助力提升区域发展综合实力。湖南各地区要加强内外联动，汇聚高职教育协同发展的各方力量，组建或加入相应的高职教育发展联盟。作为湖南区域产业发展的重要技能人才供应链，长株潭高职教育一体化发展应坚持区域协同发展导向，以专本贯通、职普融通、区域联合培养、企业定向就业等方式，培养和输出服务本地区产业高质量发展的高素质应用型技能人才。基于最新产业发展趋势，湖南应构建涵盖教学实践应用、生产操作技能提升培训与生产服务技术培训的集约型、开放式产教融合实践中心，着力打造区域产教集群品牌。湖南还要进一步破除参与主体间合作的制度壁垒，纵深推进校企合作，坚持教随产出、产教融合，紧扣产业项目融合开发与应用，共同开展项目协作，打造国家级产教融合示范基地，铸就国内领先、国际先进的高职教育集群品牌。

3.驱动价值创新产出

作为湖南高职教育协同创新的管理者、引导者与参与者，政府应出台相关支持政策，进一步完善高职教育协同创新治理体系，深化湖南高职教育创新主体、创新个体与创新平台的耦合互动，最大程度地激发创新主体活力，促进高职教育生态可持续发展。湖南应积极创新技能人才流动机制，着力建设"双师素质型"教师队伍，促进高职院校一线教师、企业业务精通的高级技师的通力合作，提升技能人才资本使用价值。湖南各地市政府应以产业园区为依托，构建涵盖技能人才培育、创新创业带动、产业经济高质量发展助力的协同创新开发联合体，为园区内企业转型升级提供关键技术创新的扶持政策、资金支持与资源要素保障及技能人才培育专项服务，尤其要促进中小微企业技术突破创新、产品质量升级。在"三高四新"战略引导下，湖南要着力构建"产、学、研、创、转、服"共同体，支持长株潭积极申报综合性国家科学中心，由"双一流"高校牵头，推动联动科研院所、高职院校、行业企业共同攻关"老三样""新三样"

产业重大技术难题，协作突破"未来三样"产业前沿科技瓶颈，建设一批与国家科技重大专项、工业互联网、5G 技术等相关的重要设施，进一步提高科技开发能级。作为创新产业发展链的核心实践要素，湖南高职院校要通过建立与完善产业学院办学体系，制定有效运行的教师到企业轮岗的实习制度，推进科技创新价值产出与成果转化应用，切实延伸地方产业链条运行体系，提升科技成果的产出效能与转化效率，扩大市场应用的服务范围，通过不同地区间资源要素的空间经济关联强化与区域竞合关系优化，促进区域协同发展。

第三节　外圈层拓展：湖南高职教育生态可持续发展的推进突破点

依照高职教育生态可持续发展外圈层体系框架，结合湖南高职教育生态可持续发展支持系统的综合评价情况，可在促进高职教育经济环境承载力适度增强、促进高职教育文化环境承载力不断优化、促进高职教育科技环境承载力充分发挥、促进高职教育政治环境承载力有效改善等方面持续发力，促使高职教育发展形态的合理优化和质量的全面改善，确保实现湖南高职教育生态可持续发展。

一、促进高职教育经济环境承载力适度增强

1. 积极改善高职院校办学条件

（1）在经费保障上落实教育优先发展战略。

以更大力度、更强决心推进实施高职院校达标工程建设，可用财力相对较好的中央与省级财政经费，加大对高职教育的投入力度，进一步增强湖南高职教育经济环境承载力与公办高职院校的社会吸引力。

（2）适当放宽公办高职院校、优质高职院校收费政策，适度规范民办院校收费行为。

目前，湖南公办高职院校执行的依然是 20 年前的收费标准，不同专业高职高专学费收取为 4000～6000 元/年；而民办高职院校学费收取一般为 10000～30000 元/年；有必要对高职院校学费标准进行适当的结构性调整，在分专业、分类别统筹做好专业技能人才培养成本合理测算的基础上，支持适度提升经济

社会发展紧缺专业的收费标准，适当补贴高职院校传统加工制造类高投入专业体系建设。

（3）鼓励支持高职院校多渠道筹措建设资金。

支持湖南优质高职院校对其老校区处置资金的自主支配，鼓励负债率低的高职院校依托适当融资贷款进行开发建设，着力改善现有高职院校的办学条件，有效提升现有高职院校办学的承载能力，进一步扩大生源高峰时期办学的容纳能力。

2. 着力办好适应产业发展的特色专业

（1）推动高职院校主动对接区域发展优势、特色主导产业与战略性新兴产业，加强专业体系适配建设。湖南要因地制宜地抓好专业建设促产业发展的重点工作，持续深化校企合作、推进产教融合，破解校企合作"两张皮"问题，加快形成"校企双主体"的协同育人格局。

（2）鼓励支持"双高"院校联合行业企业开展重大应用技术攻关。推进"双高"院校与行业企业协同解决"中国制造""中国智造""中国创造"的"卡脖子"关键技术难题，努力形成湖南"老三样""新三样""未来三样"重点产业链的技能人才的培养优势与应用技术的竞争优势。

（3）实施严格的专业设置与建设宏观管理政策。湖南省级层面要出台政策措施，对本区域就业率与对口就业率不高的专业的招生规模进行限制，适当限制在校生规模前20%~30%、就业率后20%~30%的专业设置及招生规模。

3. 有效提高技能人才培养质量

（1）保障中职学生生源比例大的高校人才培养质量。

由于普高与中职教育教学模式不同，结合生源结构出现的重大变化，基于新学情与新形势，湖南要强化教育教学改革的针对性，尤其是对招收中职学生生源比例较高的本科高校与高职院校，要适时调整技能人才培养方案，做好适当分类管理，调整修订专业课程体系，动态编写适应性的专业教材，推进教育教学方式与方法的系统性改革，实现因材施教。

（2）持续推进深化"三教"改革。

着眼于深化"三教"改革，培养适应产业转型发展急需的高素质技能人才，特别是汇聚一批具备行业产业发展国际视野与掌握先进水平的应用技术的领军人才，建设一支通晓国情省情、把握学情的高水平"双师素质型"教师队伍。

4.奋力迈向"产教共生"

目前，湖南高职教育发展尚处于从"产教协同"迈向"产教共生"的突围时期，亟须打造产教融合发展新生态。

(1)促使高职院校专业建设与产业发展适应匹配，打破专业与产业匹配度不高的瓶颈。

摸清行业技能人才的市场需求，构建重大产业技能人才供需数据库，编制"技能人才供需热力图"，定期发布行业技能人才需求预测报告。坚持错位特色发展思路，按照每所高职院校确定2~3个重点建设专业大类的要求，动态优化调整专业结构，有效提升专业集中度。适应新技术、新方法、新业态的调整变化，探索大数据、人工智能、云计算、物联网、移动应用、工业机器人等新技术领域新兴专业(群)建设。

(2)抓好高职教育产教融合平台建设，扫清高职教育与产业融合效能不高的障碍。

围绕工程机械、轨道交通、中小航空发动机和航空航天装备等"老三样"产业，以及新能源汽车、电子信息、现代石化等"新三样"优势产业，统筹建设四类产教融合战略平台载体。一是在先进制造业产业园区组建产教联合体。由产业园区牵头，联合先进制造业头部企业、本科高校、高职院校建设一批开放型产业学院，实现区域内先进制造业领域技能人才培养、技术支持、技能提升培训、创新创业的综合服务。二是在产业链上成立先进制造业产教融合共同体。由"双一流"高校牵头，联合高职院校、科研机构、上下游企业组建先进制造业领域产教融合共同体，形成横跨不同区域、覆盖产业运行链的产教融合发展实体。三是在职教城建设产教融合实践应用中心。依托九郎山职教科创城、长沙职教城等，由高职院校牵头，联合地方本科高校、科研机构、行业企业建设一批产教融合实践应用中心，综合开展实践教育教学、技术服务、社会培训。四是在市州建设乡村振兴职业教育培训中心。由地市政府主导、优质高职院校牵头，聚集区域内职业教育相关的行政管理部门的资源要素，建设市级职教中心，开展乡村振兴职业技能提升专项培训。

二、促进高职教育文化环境承载力不断优化

当前，社会就业制度不完善、不健全，就业市场主要采取唯学历、唯学校等简单方式来选拔人才，唯学历、唯学校成为影响高职教育文化环境承载力提升的关键因素。制造强国如德国非常重视专业基础人才的培养，注重平衡各岗位间的收入差别，技术技能人才并不比大学本科毕业生地位低、收入少。据此，湖南要关注技术技能人才的未来发展需求，建立公平的就业制度，确保高职院校学生在专升本学历提升、社会求职、职称晋升、工作收入与福利待遇等方面享有与本科学生平等的机会；通过政府政策支持、校企联动，合力打通各类技能人才发展通道障碍，为其发展提供上升空间，为湖南制造业高质量发展提供坚实的专业人才基础。

1. 优化社会竞争环境

(1)完善学历层次公平竞争体系。

对学生而言，不论是获得普通本科教育还是高职教育，其本身应具备平等选择的基本权利。从现实情况看，高职教育属于专科教育，学生要实现专升本需继续学习两年，这使学生时间成本加大，从而造成学生因学历提升失去参与人才流动竞争的一些机会。因此，湖南高职教育不仅要在机制层面实现学历局限突破，消除社会歧视，让高职生能积极参与人才流动竞争；还要实现高职教育培育技能人才的可持续发展，不断提升高职教育技能人才培养质量与能力水平，强化技能应用的学习效果，以获取社会层面的良性评价，最终依托学生全面发展的综合素养提升，争取参与人才流动竞争的平等机会。另外，相关部门还需加大对高职教育资源与财政经费的投入力度，适时构建本科层次职业教育，促使高职生具备更为公平竞争的机会。湖南应基于现代职业教育体系建设，落实高职院校与本科院校拨款等量原则，以缓解大部分高职院校办学经费不足的难题；借鉴本科院校的行政级别对高职院校进行适度提级，在发挥激励作用的同时，提高高职教育的社会地位并增强其认同感。湖南还需制定实施更多有利于高职生毕业就业的扶持政策，理顺高职院校与政府部门、行业企业等单元主体层面的互动关系，解决好产学研用一体发展、技能等级证书认定与发放、校企合作实训基地建设等问题，在政策导引下，进一步消除社会公众在思想认知层面的固有偏见(喻念念，2022)。

（2）完善教育差异化竞争机制。

当前，社会流动竞争主要体现于学历与能力两个层面。湖南高职教育要在不断强化学历层次的同时，更注重与本科教育保持差异化的竞争，这是高职生核心能力的竞争。要引导高职生在实践应用操作、岗位胜任能力、专业技能技术等三个层面，与普通本科学生形成差异化竞争。在实践应用操作层面，不仅要确保高职生完全掌握关键技术，善于从现场工程实施方面进行系统性思考，还要能将所学的基础理论知识充分转化应用于实践中，弥补学术能力水平的基础性短板。在岗位胜任能力层面，要确保高职生具备有担当、能吃苦耐劳、讲求创新与团队合作等职业精神，可真正在岗位成长与未来发展中形成担当重任的独特优势。在专业技能技术层面，需要高职生全面发挥技术技能的应用优势，尽可能与普通本科生侧重学术与理论研究的现实情况形成互补的发展态势。高职生只有真正全面发挥自身独特优势，在差异化竞争中找准自身特色发展定位，才可获得更多社会认同。

2. 促进社会有序流动

社会流动的主要条件，涵盖了社会结构转变与社会开放性强化等两个层面。其中，前者对社会流动的生成具有直接性影响，会致使社会成员相关社会地位的重新配置；后者会对社会流动限制有所减小，为社会成员变换社会地位提供更多的可能性。当前，国内经济结构、社会收入分配制度、保障机制等日趋完善，中产阶层规模不断扩大，社会流动的空间随之增大，加之公平、正义、民主、法治的社会环境建设，给社会流动创造了优良条件。高职教育作为促进社会流动过程中的一条主要途径，自身公平性占据绝对比重，所以在湖南高职教育优化过程中，还需对其加以关注。

（1）不断完善学历提升途径。

湖南高职教育要以相关职业需求为基本导向，以学生实践能力培育为核心，以工学结合方式作为技能人才培养模式，打通学历提升、向上流动的通道，促使更多学生自主选择高职教育。要充分应用各种渠道路径，加大对高职教育服务经济社会发展和技能型社会建设的宣传，促使社会公众充分了解高职教育的主要目的、发展性质与其在促进社会经济发展中的重要作用，掌握社会发展对高职技能人才的需求状况，推进更多学生自主接受高职教育，营造有利于高职教育生态可持续发展的良好氛围。

（2）实质提升高职职业认同。

湖南有关部门应在城市户口落户、职称评定、公务员与事业单位及国有企业工作人员招考等方面制定相关政策，减少对高职生的就业歧视，给予高职生同等的社会流动机会；建立校企合作平台，引导行业企业参与高职技能人才培养；行业企业要及时转变用人理念，将岗位匹配适用作为用人任人标准，完善人才引用育留管理体制，优化工作环境，建立有行业竞争力的薪资待遇制度，使技能人才作为第一生产力，并创建公平公正的技能人才晋升通道，给高职教育技能人才职业发展提供充足空间，以促使高职教育在未来可将企业自身需求作为发展导向，优化技能人才培养方向与目标任务，最终实现高职教育生态可持续发展。

3.凸显高职教育的社会贡献性

当前，高职教育培育技能人才是将满足产业发展需求、促进人员高质量就业、推动社会和谐稳定作为区域发展基本战略的重要支撑。建立特色鲜明的高职教育体系，持续提升高职教育质量，形成广泛的社会认同感与行业影响力，对高职教育而言是一项巨大的贡献。鉴于此，高职教育要在自身发展精准定位的基础上，始终坚持质量内涵发展与特色发展的有机统一，持续推进"三教"改革，完善制度体系建设，优化师资队伍结构，以实现对专业体系建设与课程内容开发的全面创新，促使高职教育与社会经济生产的有效互动衔接。同时，在国家宏观调控与高职院校内涵式发展之下，建立完善的高职教育生态体系，给社会发展带来更为专业与具有选择性的高职教育，满足多元发展层面的需求。为此，需要湖南高职院校构建优良的理论学习与实践教学的生态环境，完善技能人才培养方式与能力提升途径。一方面，基于产业结构调整与升级的现实需求，掌握技能人才需求状况，逐步完善专业体系，优化专业服务产业的发展布局；推进课程体系建设，发挥实训基地育人功能，落实工学有机结合。另一方面，加大应用技术与教育科学研究，在持续提升科技创新发展能级方面做出突出贡献，以不断提升自身发展层次特性，获得社会认同。

作为高等教育体系中不可或缺的一种主要教育类型，高职教育在培养技能人才、提升劳动就业率、维护社会和谐稳定等方面都做出了极大贡献。为进一步提升湖南高职教育的社会认同，不仅需要湖南高职院校自身不断努力，还需要政府部门、行业企业等领域协调联动，合力打破传统观念，改善社会竞争环境、推进社会良性有序流动、凸显高职教育对社会发展的应然贡献，促进高职教育生态可持续发展。

三、促进高职教育科技环境承载力充分发挥

1. 搭建产教联合体平台

《国务院办公厅关于深化产教融合的若干意见》指出，健全高等学校与行业骨干企业、中小微创业型企业紧密协同的创新生态系统，增强创新中心集聚人才资源、牵引产业升级能力（韦清，2020）。这就要求湖南通过高职教育体制机制改革，进一步深化高职教育校企合作、双创协同和科教融汇，促使高职教育科技环境承载力充分发挥，形成政府部门、行业企业、科研院所、社会组织机构等多元主体共同参与高职院校发展的技术技能协同创新服务平台。通过多元单元主体协同共生，共同投入各类资源要素（技能人才、科创技术、场所场地、设施设备、资本与管理等），构建一个集教学科研团队培育、科技研发、成果应用转化、创新创业等多项功能于一体的产教联合体应用平台，与地方政府、行业企业、社会组织等单元主体在技能人才培养、科学研究、社会服务等方面构建产教融合、科教融汇命运共同体。构建产教联合体，旨在集合湖南现有高职院校"单、散、小"的各类科技创新平台载体，既是服务行业企业特别是中小微企业的关键技术研发与核心产品升级的科技创新平台，也是服务区域经济可持续发展与产业转型提质的地域优势和行业特色兼具的产教联合体平台，还是集合适应产业发展、满足行业企业需求的引领性大师培育功能发挥、关键工艺开发、核心产品研发、重要技术推广应用的科技协同创新平台，能将科技创新服务链的上中下游衔接联动，更好地弥补"单、散、小"科技创新平台的功能短板，有效驱动科技创新合力。构建产教联合体，可将理论知识、专业技能与生产实践深度融合，推进科技研发与技术需求深度匹配，助力成果应用转化与创新创业深度衔接，促推教师及时掌握产业发展前沿新技术，把握产业发展的新需求，适应市场发展的新技术、新产业、新业态、新模式，不断提升高职教育科技创新服务的综合能力，更好地精准服务于产业发展升级与企业提质增效。

2. 推动高端科技创新团队建设

《关于实施中国特色高水平高职学校和专业建设计划的意见》提到，建立以业绩贡献与能力水平为导向、以目标管理与目标考核为重点的绩效工资动态调整机制，实现多劳多得、优绩优酬；培养适应高端产业和产业高端需要的高素质技能人才，服务中国产业走向全球产业中高端（韦清，2020）。技能人才考评制度是推动科技创新行为导向最直接、最有力的指挥棒，高职院校需要通过进一步深化技能人才考评制度，引导高职院校的科技创新服务助推高端科技创新团队建设。

（1）以分配制度改革，激发教职工创业积极性。

构建业绩贡献导向，以科技创新的标志性成果等要素作为收益分配的重要指标的高职院校绩效分配动态调整机制，将教职工通过技术服务、项目合作、创新创业、社会培训等项目性工作所得收入，按一定的比例作为其绩效工资来源，并向关键岗位、业务骨干与有突出业绩的科技创新服务一线人员倾斜，切实激活技能人才服务地方经济的潜能。

（2）以考核与奖励制度改革，引导高端科技创新团队建设。

探索优秀技能人才特聘岗位制度，对具有行业影响力、业绩较为突出的科技领军人才与大国工匠人才，实施"以岗定责、按绩计酬"的特聘岗位管理，培育一批科技创新专业带头人与年轻科技钻研型骨干，形成团队建设的集聚效应。例如，探索高层次科研成果与科研创新团队的奖励激励机制，将奖励重点从拥有成果转向成果价值的产出与转化应用，从个人价值转向创新团队贡献，从数量规模扩增转向开发效能提升。

3. 凸显科技创新服务地域性特征

作为科技创新服务的供给侧，湖南高职院校并未很好地满足区域社会经济高质量发展的需求，精准提供具有地域特色、匹配行业产业发展的科技创新服务。"融入区域发展、促进产业升级"必然要求湖南立足"三高四新"战略定位，结合区域产业的发展趋势与共性技术的发展前沿，促使高职院校进一步加强与地方政府、产业园区、行业企业、科研院所的深度合作，提升高职教育适应产业发展的配套供给服务能力，以科技创新赋能区域可持续发展与产业转型升级。

（1）建立动态调整的专业群设置机制。

成立由高职院校、政府部门、行业企业、科研院所、社会组织机构等的专家组成的专家委员会，指导制定湖南高职院校专业（群）发展规划，实施匹配区域发展与产业转型升级的专业设置调整与优化。湖南高职院校要积极联合具有资源集聚能力的产业集群开展深层次合作，强化专业群与区域主导优势产业、新兴特色产业的有效融合，推进专业群建设与区域产业集群需求的共生融合。

（2）积极融入区域科技创新体系建设。

充分运用湖南区域科技创新体系建设的政策红利，着力通过政校企联合协作方式，推动以"地方政府做媒、高职教育校企合作联姻"的方式组建高职教育产学研用一体化发展创新平台，增强协同发展黏合度，激活协同创新运行效能，推进科技成果在区域创新体系中的有效转化应用，实现高职院校科技创新服务赋能支撑区域产业高质量发展。

4.加速科技创新对接产业发展

高职院校发展定位，一直强调要与产业有机融合，而高职院校科技成果产出价值不高，应用转化率偏低，这与政府对高职院校的科技创新服务设计预期与多年来科技政策的应用转化导向不相符。湖南高职院校需要通过深化科技成果应用转化机制，有效提升科技成果利用转化价值，切实推动技术创新充分对接产业发展。加速科技创新对接产业发展具体应在三个层面着力。

（1）引导教师积极到企业轮岗、精准对接企业现实需求。

围绕突破关键性难题，开展技术研发培育解决难题的科技成果，着力提升教师服务中小微企业关键技术研发的水平与充分满足技术改造需求的能力。

（2）加强研发与推广并重的复合创新型技能人才的系统性培育。

针对具备适用市场应用的科技成果的教师，开展相关的科技成果转化应用法律法规、宣传推广政策、谈判技能、产业孵化路径等专业知识链的系统化培训服务，促进复合型科技经纪人才队伍健康成长，助力深度挖掘高职院校教师在科技成果应用上的市场转化价值。

（3）建设具备辐射能力的扩散式科技成果应用转化中心。

强化与地方政府的通力合作，充分依托湖南区域内实体化科技大市场，在多地布局形成科技成果应用转化中心，实施复合型科技经纪人才长期性、定点性入驻服务，切实把握产业发展需求，精准对接当地企业，将技术需求与高职院校科技创新团队进行融合匹配,带动高职院校科技创新与地方产业提质升级的适配性提升,加速推动科技创新赋能区域产业可持续发展。

四、促进高职教育政治环境承载力有效改善

1.统筹高职院校布局结构

(1)新设高职院校要遵循适度规划原则。

在未来十年内,湖南规划新设高职院校的数量应把握好合理配置的尺度,不宜也不能因为湖南高职教育生源持续增加的态势,就乘势乐观增设一大批高职院校。

(2)推动独立学院转设要结合实际、有序实施。

湖南现有独立学院多为"校中校",校均在校生规模一般偏小。湖南 14 所独立学院在校生校均规模不到 6000 人,如能成功设置为普通本科或转型为职业大学,校均在校生规模可提升至 1.2 万~1.5 万人,有利于在高校整体数量不增加的情况下有效扩容高职教育的发展规模。

(3)适当支持部分优质高职高专院校升格为本科层次职业大学。

在条件具备的情况下,支持部分高职高专院校升格施行本科层次职业教育,可同步提升容纳能力,既没有促使高校数量增加,又匹配适应了经济社会高质量发展对高技能人才的现实需求。要稳妥探索低层次优质学校开展高一层次专业教育试点。遴选支持部分国家"双高""示范""骨干"高职高专院校试点开设本科层次职教专业,鼓励支持国家与省级"示范"中职学校试点开设高职高专层次专业,有效应对未来十余年学生生源仍将持续增加的发展态势,在高职院校数量不扩容情况下,做到有效缓解高职教育资源层面供需矛盾。

2.对接产业转型发展

(1)顺应市场发展规律。

经济社会发展规律表明,行业企业需要的人才 80%以上属于应用型技能人才,面对行业企业"用工荒""技工荒"不断加剧的现实困境,要未雨绸缪,适时鼓励部分具备引领行业发展潜力的高职院校顺应市场需求,对接企业发展升级,向应用型高校转型发展。

（2）遵循特色内涵发展。

支持湖南高职院校坚持"小而精""小而优""小而特"发展道路，追求特色差异化发展，坚持内涵式发展。

（3）推进校企协同联动。

支持湖南高职院校深化校企合作、推进产教融合，协同行业企业开展关键技术与核心产品关联的生产流水线的自动化、智能化改造。

3. 提升院校发展开放程度

（1）更加强化国际开放程度。

面对国家对外开放的发展战略，以响应"一带一路"倡议为契机，加强与扩大国际交流的影响力与合作的作用效应。中国拥有世界规模最大的职业教育体系，在生源趋紧情况下，湖南可借鉴欧、美、日、韩等先行发达国家经验，面向世界招收更多的"自费"留学生，为高职院校生态可持续发展注入新的生源活力，为吸引更多世界优秀技能人才投身湖南经济社会高质量发展打牢坚实基础。

（2）更加深化校外开放程度。

职业教育的本质属性是社会性与跨界性，与地方政府、行业企业、社会组织机构等各界紧密关联，高职院校必须持之以恒地走好开放办学的发展之路。鼓励湖南高职院校坚持育训结合、双轮驱动，积极面向行业企业在职人员、面向乡村振兴的新型农民进行继续教育与职业技能提升专项培训，积极为推进终身教育与技能型社会建设做出应有的贡献。

（3）更加优化对内开放程度。

高职院校对内开放包括技能人才培养、师资队伍建设、教学方式改革、教学资源整合等要素的全面开放。湖南高职院校要注重技能人才培养开放性，制订多元化的贴近市场需求的技能人才培养方案，统筹实施"灵活学制"与学分制，扎实做优"1+X"证书制度试点工作，有效推进技能人才培养模式改革创新。打造专兼灵活结合、校企互聘互认互用的"双师素质型"开放式师资队伍，形成"能者上、庸者下、平者让"的职称岗位聘任动态管理机制。推行教学方式的开放性，着力推动教育教学方式数字化转型，推进教育模式从标准化转向个性化。强化教学资源的开放性，大力推进在线精品课程中心、专业教学资源中心、创新创业基地、虚拟仿真实训中心等各类应用型载体平台建设，不断扩大优质资源的应用界面，促进优质资源的共建共享共用，为师生提供包容开放、个性化发展的资源应用平台。

4. 推进关键改革领域取得突破

湖南要实质推进职业教育纵贯全通道的关键改革，需在三个层面精准发力。

(1)做好中职学校、高职院校、地方政府"三方协作"。

根据发展的实际，动态地调整中职学校和高职院校的办学规模、资源结构、专业配置等，建立分类别、分层级、分领域适应技能人才培养需要的灵活转换机制，实施"三方协作"联动策略，满足区域经济高质量发展对各级各类技能人才的需求。

(2)促进"高职带动中职"的发展机制。

根据专业和领域的匹配原则，将社会效益佳、办学质量高、辐射影响好的高职院校和与之相应的中职学校联合发展，可将中职学校发展为高职院校的附中分校，逐步促使两者在办学投入、发展理念及价值产出等方面形成统一，逐步破解就业取向与升学取向的对立关系。

(3)探索中高本职业教育一体化发展模式。

搭建中高本职业教育一体化的"立交桥"，努力推进人才培养目标与方案、课程设置、专业建设等的有机衔接，构建中高本一体化技能人才培养模式，推动职业教育在不同发展阶段实现"融合发展"与"内涵发展"。要引导职业院校联合中小学开展劳动教育与职业启蒙教育；支持中职学校与省属本科高校联合实施"3+4"贯通培养，支持高职院校与"双一流"建设高校联合实施"3+2"贯通培养；组建一批服务湖南"三高四新"战略的应用技术大学，支持高职高专学校高水平专业与应用型本科高校开办职业教育本科专业；纵深推进"湖湘工匠燎原计划"实施，支持"双一流"高校面试招收技能竞赛获奖选手，并实施紧扣行业企业需求的小班制专业教学。

参考文献

[1] 张海峰，王义谋. 高等职业教育概念的科学界定[J]. 中国职业技术教育，2002(18)：
    34-35.

[2] 王根顺，王成涛. 高等职业技术教育概论[M]. 北京：民族出版社，2004.

[3] 陈英杰. 中国高等职业教育发展史研究[M]. 郑州：中州古籍出版社，2007

[4] 梁志，赵祥刚. 高等职业教育的概念解析及其内涵的厘定[J]. 山东师范大学学报（人
    文社会科学版），2008(1)：88-91.

[5] 梁伟东. 高职教育制度生态环境的缺陷及优化创新路径[J]. 教育与职业，2014(12)：
    9-11.

[6] 李振基，陈小麟，郑海雪. 生态学[M]. 北京：科学出版社，2007.

[7] 吴鼎福，诸文蔚. 教育生态学[M]. 南京：江苏教育出版社，1998.

[8] 罗尔斯顿. 环境伦理学[M]. 杨通进，译. 北京：中国社会科学出版社，2000.

[9] 郭秀锐. 国内环境承载力研究进展[D]. 北京：北京师范大学，2000.

[10] 贺祖斌. 高等教育系统的生态承载力研究[J]. 高等教育研究，2005(2)：14-17.

[11] 叶爱山，龚利，邓洋阳. 高等教育生态承载力评价及空间异质性分析[J]. 科技和产
     业，2022(8)：105-109.

[12] 王亚南，王振洪. 生态平衡：高职教育可持续发展的应然路径[J]. 职教通讯，2012
     (19)：56-61.

[13] 杨斌，尹皓，阳勇. 基于圈层分析的职业教育城乡一体化空间布局模式设计[J]. 职业
     技术教育，2009(19)：18-22.

[14] 肖曾艳，聂辰旭. 粤桂经济合作区圈层拓展空间的界定及理论分析[J]. 统计与决策，
     2012(14)：134-137.

[15] ASHBY E. Universities：British，Indian，African：A Study in the Ecology of Higher
     Education[M]. Cambridge：Harvard University Press，1966.

[16] JOHN B，IAN W. The Failure of the Third Way in Australia：Implications for Policy about
     Work[J]. Competition & Change，2001(1)：1-37.

［17］ Klimecki R. Human resource ecology-an empirical analysis［M］. Konstanz：University of Konstanz，2003.

［18］ Frietsch R，Gehrke B. Education structures and highly skilled employment in Europe-Acomparison［M］. Berlin：Springer Netherlands，2006.

［19］ 凌守兴，张建华. 高职教育校企合作生态系统及协调发展路径［J］. 继续教育研究，2015(10)：51-53.

［20］ 钱海军. 珠澳高职教育生态系统的供给侧结构性改革研究［J］. 教育与职业，2017(10)：10-16.

［21］ 宋瑞超. 高职院校高职教育生态系统建设研究［D］. 长春：吉林大学，2017.

［22］ 应莉，周彩屏. 高职院校创业教育生态系统的构建［J］. 职业技术教育，2019(23)：43-47.

［23］ 闫广芬，石慧. 扩招背景下高职教育生态系统的新变化与再调试［J］. 职教论坛，2020(9)：31-38.

［24］ 高平. 创业教育生态系统视域下高职院校创业文化培育研究［J］. 职教论坛，2021(7)：157-162.

［25］ 董彦宗. 扩招百万背景下高职教育生态系统的失衡分析与优化策略［J］. 教育与职业，2021(10)：53-59.

［26］ 吴济慧. 职业教育产教融合的生态机制与测评研究［D］. 长沙：湖南农业大学，2021.

［27］ 宋亚峰. 高职专业群生态系统的协同进化研究［D］. 天津：天津大学，2021.

［28］ 全守杰，陈梦圆. 广东高职教育生态系统：结构、功能及优化策略研究［J］. 南方职业教育学刊，2022(1)：1-9.

［29］ 张健. 高职教育资源生态环境的重组与配置［J］. 职教论坛，2010(7)：36-41.

［30］ 梁伟东. 高职教育制度生态环境的缺陷及优化创新路径［J］. 教育与职业，2014(12)：9-11.

［31］ 龚群英. 服务区域经济发展的高职教育生态环境的构建与优化策略［J］. 职教论坛，2016(7)：80-84.

［32］ 徐辉. 高职创新型人才培养的生态环境建构路径探析［J］. 中国职业技术教育，2016(3)：82-86.

［33］ 王传薇. 生态环境视域下现代高职教育发展动力研究［J］. 机械职业教育，2018(8)：1-4.

［34］ 罗亚. 高职教育高质量发展与课堂生态环境建设研究［J］. 中国成人教育，2020(11)：52-55.

［35］ 王炎斌. 利益相关者视阈下高职院校校企合作的生态位管理［J］. 教育与职业，2010(2)：14-16.

[36] 金晓春,陈茂铨,陈兵红. 农林类高职教育生态位分析及探讨[J]. 广东农业科学,2011(21):178-180.

[37] 邢运凯. 高职院校生态位的重叠及矫正策略[J]. 职业技术教育,2012(7):27-32.

[38] 邢运凯. 生态平衡语境下的我国高职教育生态位分析[J]. 职教论坛,2012(7):24-27,37.

[39] 周传林. 生态位视野下高职教育错位发展研究[J]. 黑龙江高教研究,2014(9):97-99.

[40] 丁帮俊. 高水平职业教育的技术生态位探析[J]. 教育与职业,2018(23):38-43.

[41] 梁晨,王屹. 生态位理论语境下"双高院校"建设的源流、困厄及脱困之道[J]. 中国职业技术教育,2020(9):17-23.

[42] 徐晔. 新形势下高等职业教育生态位失衡及优化路径[J]. 职业技术教育,2020(25):52-57.

[43] 申俊龙,王鸿江,郭彬. 教育生态位视阈下高职院校国际化产教资源优化组合模式研究[J]. 职业技术教育,2020(30):60-65.

[44] 黄煜. 生态位理论视域下高职院校"双创"教育的困境及脱困之道[J]. 教育与职业,2021(5):67-71.

[45] 卿利军,马建伟,杨栋梁. 生态位视角下高职教育国际化探源、困厄及破局[J]. 职业技术教育,2022(22):52-56.

[46] 苗立峰,路鹏,张勇. 河北省高等职业教育生态承载力分析[J]. 教育与职业,2011(9):17-19.

[47] 吴炜炜. 生态化视角下高职教育构建的审视[J]. 高等职业教育(天津职业大学学报),2015(4):3-8.

[48] 钱海军. 区域经济一体化框架下珠中江高职教育生态圈构建与路径选择[J]. 职业技术教育,2014(32):55-59.

[49] 董彦宗,刘澍,潘新民. 混合所有制视域下高职教育生态因子解析[J]. 教育与职业,2019(14):47-50.

[50] 李鑫,刘立业,李毅. 混合所有制背景下高职教育生态因子的优化与提升[J]. 教育与职业,2020(11):46-50.

[51] 郭丽君,周建力. 困顿与突破:高等职业教育的生态位辨析[J]. 现代教育管理,2022(4):93-101.

[52] 段从宇. 扩招百万背景下各省区高职院校新增招生规模测度研究[J]. 教育与职业,2019(14):17-21.

[53] 周建松. 探索和建立高职教育可持续发展生态[J]. 中国高等教育,2009(9):47-48.

[54] 张健. 高职教育偏离生态环境的问题观照与可持续发展对策[J]. 黑龙江高教研究,

2007(10)：89-92.

[55] 单武雄，欧剑锋. 试论教育生态学视野下的高职院校校企合作可持续发展[J]. 职业技术，2014(5)：48-49.

[56] 凌守兴，陈家闯. 高职校企合作生态系统现状调查与可持续发展对策研究[J]. 教育与职业，2018(21)：52-56.

[57] 万彭军. 完善我国高职教育质量评价体系的若干思考[J]. 当代教育科学，2008(15)：35-37.

[58] 吴亚萍，任爱珍. 基于学生、学校发展的高职教育质量评价观[J]. 教育与职业，2009(2)：57-59.

[59] 张耀嵩. 高职教育质量评价与保障体系的完善[J]. 职业技术教育，2012(7)：58-61.

[60] 孙毅颖. "职业性"、"高等性"融合发展趋势下的高职教育质量评价体系构建模式[J]. 中国大学教学，2013(2)：77-79.

[61] 周建松. 构建开放、多元、立体的高职教育质量评价体系[J]. 中国高教研究，2012(8)：89-92.

[62] 卢德生，刘冲. 高职院校校本教育质量评价的价值诠释与体系建构[J]. 中国职业技术教育，2016(17)：12-17.

[63] 王秋梅，张晓莲. 高职院校创新创业教育质量评价模型构建与实证分析[J]. 职业技术教育，2016(20)：53-57.

[64] 常佳佳. 高职教育质量评价体系存在问题及其对策[J]. 职教通讯，2017(26)：5-8.

[65] 谭春华，王庭之. 我国高职教育质量评价的变迁、困境与出路[J]. 职教论坛，2020(1)：145-149.

[66] 牛彦飞，梁媛，赵燕. "双高"视域下高职教育内涵发展质量评价改革研究[J]. 教育与职业，2021(20)：48-52.

[67] 周明星，唐书玉. 类型语境下高职院校教育质量评价——历史鉴镜、现实困境与未来路径[J]. 职教论坛，2022(10)：105-111.

[68] 王悦，王光龙. 区域圈层要素一体化配置研究——对成都市"三圈一体"战略的思考[J]. 经济研究导刊，2012(28)：143-146，202.

[69] 郑德高，朱郁郁，陈阳，等. 上海大都市圈的圈层结构与功能网络研究[J]. 城市规划学刊，2017(S2)：63-71.

[70] 陈世栋，袁奇峰. 都市生态圈层结构及韧性演进：理论框架与广州实证[J]. 规划师，2017，33(8)：25-30.

[71] 吴朝宁，李仁杰，郭风华. 基于圈层结构的游客活动空间边界提取新方法[J]. 地理学报，2021(6)：1537-1552.

[72] 陈劲，侯芳. 具有圈层结构的链群合约数字平台建构[J]. 企业经济，2022(11)：

5-14, 2.

[73] 王春娟, 刘大海, 华玉婷, 等. 北极航道地缘政治格局圈层结构及其竞合关系分析 [J]. 世界地理研究, 2024, 33(3): 29-39.

[74] 马梦岑, 李威利. 房权社会与圈层结构: 中国城市空间权利的兴起及其治理[J]. 甘肃 行政学院学报, 2020(6): 102-110, 128.

[75] 周嘉卉. 网络构建独特的文化生态圈层——以网综《明星大侦探》为例新闻[J]. 前 哨, 2021(11): 103-104.

[76] 朱卫志. 打造我国科技期刊国际竞争力的生态圈层[J]. 传媒, 2021(1): 27-28.

[77] 许立勇, 周从从, 叶子萌. 基于圈层理论的传统村镇民歌遗产传承与活化策略[J]. 文 化产业研究, 2022(1): 350-360.

[78] 杨斌, 尹皓, 阳勇. 职业教育城乡一体化模式研究——基于圈层结构理论[J]. 教育导 刊, 2009(8): 12-15.

[79] 张继龙. 院系学术治理中的权力圈层结构——基于教师参与的视角. 高等教育研究, 2017(4): 17-24.

[80] 李悦. 高校思想政治教育"圈层化"困境的理性审视及路径优化[J]. 佳木斯职业学院 学报, 2019(2): 19, 21.

[81] 刘刚, 丁三青. 大学卓越教师教学学术核心能力的圈层结构及其特征[J]. 教育科学, 2020(6): 53-60.

[82] 刘望秀, 王歆玫. 党史学习教育如何"破壁"青年圈层文化[J]. 思想教育研究, 2021(9): 80-85.

[83] 李妮. 粤港澳大湾区职业教育合作体系的"圈层结构"及其治理[J]. 高教探索, 2021(6): 47-52.

[84] 邢文利, 裴丽梅. 圈层式协同育人: 研究生课程思政新模式[J]. 教育科学, 2021(5): 29-35.

[85] 刘天宝, 陈子叶, 陈爽. 基于义务教育校际分异的学校类型及其空间分布模式——以 大连市初中为例[J]. 地理科学, 2022(8): 1402-1412.

[86] 宋杰. 职业教育一体化的圈层体系构建研究[J]. 职业技术, 2023(7): 34-39.

[87] 马福运, 宋晓珂. "大思政课"视域下高校思政课生态建设论纲[J]. 河南师范大学学 报(哲学社会科学版), 2023(1): 138-144.

[88] 赵娉娉. "双减"背景下学校教育生态系统的分析与优化[J]. 教学与管理, 2023(15): 43-47.

[89] 宋杰. 职业教育赋能区域经济高质量发展的圈层体系构建研究[J]. 继续教育研究, 2023(11): 86-91.

[90] 宋杰. 高职教育体系生态承载力的内涵及其圈层体系构建研究[J]. 职业教育研究,

2023(12)：45-52.

[91] 周仲高，游霭琼，徐渊. 粤港澳大湾区人才协同发展的理论构建与推进策略[J]. 广东社会科学，2019(6)：91-101.

[92] 汪岚. 基于"圈层理论"的文创教学品牌中心人才培养模式探究——以福建高校为例[J]. 吉林工程技术师范学院学报，2019(4)：24-26.

[93] 谭明雄，覃其品，黄国保，等. "三圈层"协同育人：地方高校应用化学专业双创人才培养实践[J]. 大学化学，2021(11)：47-51.

[94] 翟国静，赵奎霞，王以明，等. 高等职业教育生态可持续发展的理论框架[J]. 职业技术教育，2010(4)：11-14.

[95] 董彦宗. 扩招百万背景下高职教育生态系统的失衡分析与优化策略[J]. 教育与职业，2021(10)：53-59.

[96] 徐晔. 高等职业教育智能生态系统：内涵、结构与实践路径[J]. 中国远程教育，2021(7)：18-24.

[97] 郭丽君，周建力. 困顿与突破：高等职业教育的生态位辨析[J]. 现代教育管理，2022(4)：93-101.

[98] 游艺，李德平，高莉. 创新创业教育促进高职院校生态发展的功能探究[J]. 职教论坛，2019(5)：132-135.

[99] 庞晓琛，郭红. "互联网+"时代高职教育生态圈与企业生态圈构建研究[J]. 职业技术，2020，19(6)：27-30.

[100] 张雨，曹必文. 教育生态学视域下高职院校教师专业发展的困境与突破[J]. 黑龙江高教研究，2018(9)：119-122.

[101] 宋杰. 高职教育生态可持续性运行机制与支持系统研究[J]. 职业技术，2023(3)：23-29.

[102] 赵峰. 高校创新创业教育发展研究——基于"驱动力-压力-状态-影响-响应"理论视角[J]. 国家教育行政学院学报，2018(6)：69-74.

[103] 吴娟，杨杨. 上海市海岸带区域可持续发展综合评价——基于 DPSIR 模型的分析[J]. 城市问题，2022(5)：95-103.

[104] MAHSA M, SAMAN J, ALI M, et al. A new combined framework for sustainable development using the DPSIR approach and numerical modeling[J]. Geoscience Frontiers, 2021(4)：264-277.

[105] BERNHARD W, HARALD V. Evaluating sustainable forest management strategies with the analytic network process in a pressure-state-response framework [J]. Journal of Environmental Management, 2008(1)：1-10.

[106] MEYAR-NAIMI H, VAEZ-ZADEH S. Sustainable development based energy policy making

frameworks, a critical review[J]. Energy Policy, 2012(43): 351-361.

[107] WANG Q S, YUAN X L, ZHANG J, et al. Key evaluation framework for the impacts of urbanization on air environment-A case study[J]. Ecological Indicators, 2013(24): 266-272.

[108] HUANG S L, YEH C T, BUDD W W, et al. A Sensitivity Model(SM) approach to analyze urban development in Taiwan based on sustainability indicators[J]. Environmental Impact Assessment Review, 2009(2): 116-125.

[109] 武冠蓉. 基于 DPSIR 模型的高校创业教育质量评价指标选取的研究[J]. 山西高等学校社会科学学报, 2017(12): 81-83.

[110] 许浙川, 柳海民. 论资源承载力支撑下的区域学前教育合理有序发展[J]. 中国教育学刊, 2020(4): 57-61.

[111] 蔡迎旗, 王嘉逸. 可持续发展视角下区域学前教育环境承载力评价指标体系及其测算[J]. 学前教育研究, 2022(9): 62-74.

[112] 蔡文伯, 贺薇. 高技能人才与产业结构耦合协调的时空演化及影响因素研究——DPSIR-TOPSIS 模型的检验[J]. 高校教育管理, 2023(4): 48-62.

[113] 郁亚娟, 郭怀成, 刘永, 等. 城市病诊断与城市生态系统健康评价[J]. 生态学报, 2008(4): 1736-1747.

[114] 蒋涤非, 宋杰. 城市生态可持续性的内涵及其支持系统评价指标体系研究[J]. 生态环境学报, 2012(2): 273-278.

[115] 蒋涤非, 宋杰. 基于包容性增长的健康城市化支持系统[J]. 人文地理, 2013(2): 79-83.

[116] 刘蓉, 宋杰. 基于包容性增长的新型城市化支持系统研究[J]. 湘潮(下半月), 2014(10): 54-55.

[117] 邱慧, 沈守云. 基于 CSAED 模型的 LID 绿地可持续发展研究框架[J]. 房地产世界, 2021(9): 1-3.

[118] 刘蓉, 宋杰. 职业教育一体化: 内生逻辑与支持系统评价体系[J]. 职业教育研究, 2023(2): 47-52.

[119] 庞晓琛, 郭红. "互联网+"时代高职教育生态圈与企业生态圈构建研究[J]. 职业技术, 2020(6): 27-30.

[120] 卜玉华. 共生理论视角下我国区域教育均衡化发展研究[J]. 教育发展研究, 2015(24): 15-23.

[121] 丁永久. 基于共生理论的职业教育人才培养立交桥建设[J]. 黑龙江高教研究, 2020(11): 42-47.

[122] 曾建丽, 刘兵, 梁林. 科技人才集聚与区域创新环境共生演化及仿真研究[J]. 软科

学，2020(7)：14-21.

[123] 王永莲，周璇，王朔. 基于共生理论的职业教育精准扶贫人才培养模式研究——以四川交通职业技术学院的实践探索为例[J]. 职教论坛，2021(7)：141-145，151.

[124] 姚敏. 共生理论视域下高职学前教育专业人才培养路径研究[J]. 教育理论与实践，2022(12)：24-27.

[125] 何江，朱黎黎. "人-机-组织"共生系统：一个智能化组织理论框架[J]. 当代经济管理，2023(6)：9-19.

[126] 南旭光. 共生理论视阈下职业教育治理模式创新研究[J]. 职业技术教育，2016(28)：8-13.

[127] 尤莉. 共生视阈下职业教育资源竞合关系演化机理及运作——以德国跨企业培训中心和技术转移中心为例[J]. 清华大学教育研究，2021(3)：129-136.

[128] 江雪儿，陶红. 共生视角下粤港澳大湾区高等职业教育资源整合的现实困境与路径选择[J]. 职业技术教育，2022(12)：30-35.

[129] 董彬. 基于共生理论的运输方式发展模式及机理研究[D]. 西安：长安大学，2017.

[130] 胡华强，王国聘. 思想政治教育生态系统承载力研究[J]. 东北师大学报(哲学社会科学版)，2018(6)：167-172.

[131] 李飞. 思想政治教育生态系统承载力的特征、问题与破解[J]. 中学政治教学参考，2021(24)：26-29.

[132] 贺祖斌，杨婷婷. 作为高等教育话语的新视角：生态承载力研究[J]. 大学教育科学，2021(3)：23-30+38.

[133] 郭丽君，周建力. 困顿与突破：高等职业教育的生态位辨析[J]. 现代教育管理，2022(4)：93-101.

[134] 李梦卿，邢晓. "双高计划"高职院校建设的时代要求、现实基础与提升路径[J]. 教育科学，2020(2)：82-89.

[135] 黄巘，陈时见. 新时代职业教育校企命运共同体的内涵特征与实现路径[J]. 教育科学，2020(2)：76-81.

[136] 匡瑛. 高等职业教育的"高等性"之惑及其当代破解[J]. 华东师范大学学报(教育科学版)，2020(1)：12-22.

[137] 张波. 人才体制改革推进过程中的问题与对策——基于内地人才特区发展战略的实证分析[J]. 当代经济管理，2016(12)：66-72.

[138] 朱秋月，马丹. 能力评估视角下高职院校适应性发展的实然与应然——基于2020年H省高职院校评估数据的分析[J]. 职教论坛，2021(6)：135-142.

[139] 张俊平，曹大辉，邱开金. 东、中、西部地区高职教育协同创新的比较研究——以浙江、湖南、云南为例[J]. 职教论坛，2018(1)：145-151.

[140] 袁华萍, 朱永凡. 基于教育供给视角的安徽高职教育: 困境与路径[J]. 职业技术教育, 2019(24): 56-60.

[141] 汤放华, 古杰, 吕贤军, 等. 新区域主义视角下长株潭城市群区域一体化过程与影响因素[J]. 人文地理, 2018(4): 95-101.

[142] 张偌. 政府主导的城镇群一体化发展实效研究——以长株潭城市群为例[J]. 城市规划, 2019, 43(9): 69-77.

[143] 熊鹰, 徐亚丹, 孙维筠, 等. 城市群空间结构效益评价与优化研究——以长株潭城市群与环洞庭湖城市群为例[J]. 地理科学, 2019(10): 1561-1569.

[144] 王明, 郑念. 城市群内部协同的圈层分化问题研究——基于"环长株潭城市群"的分析[J]. 中国科技论坛, 2019(8): 87-94.

[145] 熊鹰, 李亮, 孙维筠, 等. 环长株潭城市群城际空间联系演化分析[J]. 经济地理, 2022(7): 73-81.

[146] 王辉. 基于社会网络分析的环长株潭城市群经济网络结构及优化研究[J]. 湘潭大学学报(哲学社会科学版), 2016(5): 61-65, 135.

[147] 魏国恩, 朱翔, 贺清云. 环长株潭城市群空间联系演变特征与对策研究[J]. 长江流域资源与环境, 2018(9): 1958-1966.

[148] 王良健, 周克刚, 许抄军, 等. 基于分形理论的长株潭城市群空间结构特征研究[J]. 地理与地理信息科学, 2005(6): 74-77.

[149] 陈涛. 城镇体系随机聚集的分形研究[J]. 科技通报, 1995(2): 98-101.

[150] 景志慧, 杨永春, 夏建国, 等. 四川省城市体系规模结构与空间结构特征[J]. 地域研究与开发, 2021(4): 57-62.

[151] 张宸铭, 李灵军, 高尚, 等. 交通土地一体化的开封市多中心结构分形研究[J]. 城市规划, 2022(3): 63-73.

[152] 刘蓉, 宋杰. 基于经济联系强度的长株潭城市群核心区空间结构研究[J]. 长沙通信职业技术学院学报, 2011(2): 85-89.

[153] 党琴, 胡伟, 葛岳静, 等. 中国与南美洲国家地缘经济联系强度及其影响因素[J]. 地理学报, 2020(10): 2061-2075.

[154] 梁茂林, 彭邦文, 骆华松, 等. 中国与周边国家地缘经济关系测度与时空格局演变分析[J]. 世界地理研究, 2023(1): 43-53.

[155] 丁洪建, 余振国. 城市对外经济联系量与地缘经济关系的匹配分析——以南京市为例[J]. 中国软科学, 2008(3): 44-51.

[156] 张亚明, 李新华, 唐朝生. 竞合视域下京津冀区域地缘经济关系测度分析[J]. 城市发展研究, 2012(5): 22-27.

[157] 管和疆, 马杰, 马萍, 等. 高等职业教育: 资源配置现状及优化配置策略[J]. 新疆财

经大学学报,2009(3):77-84.

[158]江长州,陈志敏.基于Super-SBM的西藏中等职业教育资源配置效率及影响因素分析[J].西藏大学学报(社会科学版),2021(3):216-222.

[159]喻均林,丁水平.百万扩招背景下我国高等职业教育办学经费问题探析[J].教育与职业,2021(14):103-107.

[160]何莉,汪忠明.从出生人口和生源结构看职业教育未来发展面临的危机与挑战——基于湖南和全国统计数据分析与战略思考[J].中国职业技术教育,2022(33):76-83.

[161]雷久相.高职教育赋能"三高四新"战略:应然、实然与当然[J].湖南教育(C版),2023(2):46-48.

[162]孟景舟.我国职业教育吸引力的历史透视[J].教育发展研究,2010(7):54-57.

[163]疏勤.高等职业教育需要正确合理定位:评《高等职业教育与终身教育》[J].中国教育学刊,2018(11):131.

[164]李定珍,侯杰.对接"三高四新"的湖南高职院校现代产业学院建设模式与路径[J].职教通讯,2023(1):22-28.

[165]王珩安.政府职业教育治理能力现代化的现实困境与改进路径:"整体政府"理论的启示[J].职业教育研究,2021(7):12-16.

[166]徐庆.加快制度和政策管理创新,赋能职业教育高质量发展[J].职教通讯,2021(5):5-7.

[167]李剑萍.高等职业教育"三融"改革的实践难题与发展逻辑[J].教育研究,2023(3):13-18.

[168]喻念念.新时代高等职业教育社会认同提升策略研究[J].太原城市职业技术学院学报,2022(11):61-63.

[169]韦清.高职院校技术创新能力发展现状及提升对策研究——基于78所国家示范性高职院校的实证分析[J].职业技术教育,2020(2):6-11.